공부가 되는
세계사 1

〈공부가 되는〉 시리즈 ㊽

공부가 되는
세계사 1 선사·고대

초판 1쇄 발행   2013년 05월 03일
초판 12쇄 발행 2023년 12월 18일

지은이 글공작소

책임편집 김초희
책임디자인 유영준

펴낸이 이상순
주　간 서인찬
편집장 박윤주
제작이사 이상광
기획편집 박월, 김한솔, 최은정, 이주미, 이세원
디자인 이민정
마케팅홍보 이병구, 신희용, 김경민
경영지원 고은정

펴낸곳 (주)도서출판 아름다운사람들
주소 (10881) 경기도 파주시 회동길 103
대표전화 (031)8074-0082 **팩스** (031)955-1083
이메일 books777@naver.com
홈페이지 www.book114.kr

ⓒ2013 글공작소
ISBN 978-89-6513-221-9 13900
ISBN 978-89-6513-234-9 13900 (세트)

파본은 구입하신 서점에서 교환해 드립니다.
이 책은 저작권법에 의하여 보호를 받는 저작물이므로 무단 전재와 복제를 금합니다.
KC마크는 이 제품이 공통안전기준에 적합하였음을 의미합니다.

공부가 되는
세계사 1
선사·고대

지음 글공작소 | **추천** 오양환 (前 하버드대 교수)

아름다운사람들

공부가 되는 세계사 1

선사 시대, 인류 역사의 99% … 12

글이 없던 선사 시대
선사 시대의 생활은 어떻게 알 수 있나요?

인류의 탄생, 두 발로 걷다
최초의 사람은 어디서 살았을까요?

농사를 시작하고 집을 짓고 살다
농업 혁명, 도시와 마을을 만들다

구석기 시대, 신석기 시대 | 오스트랄로피테쿠스 | 인간과 동물의 차이점은 무엇일까요?
호모 에렉투스 | 호모 사피엔스 | 호모 사피엔스 사피엔스 | 청동기 시대 | 철기 시대

선사 시대 연표

고대 사회, 인류 문명의 발생 … 40

세계 4대 고대 문명, 역사의 시작
메소포타미아 문명
메소포타미아 문명을 이끈 수메르인 | 세계 최초로 성문법을 만든 바빌로니아
함무라비 법전 | 히타이트족 | 서아시아의 통일 제국, 아시리아
거대한 도시, 신바빌로니아 | 자비로운 페르시아 | 유대 민족, 헤브라이인
알파벳을 만든 페니키아인 | 카르타고의 전설

나일 강이 만든 이집트 문명
고대 이집트, 역사의 시작과 끝 | 피라미드와 미라 | 태양력, 1년은 365일

인더스 강에서 피어난 인더스 문명
아리아인이 만든 카스트 제도 | 불교의 탄생 | 인도의 통일 왕조

황토로 만들어진 황허 문명
전설 속의 왕조, 요순 시대 | 기록이 시작된 중국 역사의 시작
봉건 제도, 제후들이 지방을 다스리다
춘추 전국 시대, 사상과 인재가 넘쳐 나다
시황제의 천하 통일, 한나라의 유방 | 동서 무역로, 비단길 | 유목 민족과 만리장성

기원전과 기원후 | 문명과 문화의 차이 | 고대 오리엔트 문명
수메르인이 남긴 것 | 진법 | 셈족 | 바벨탑의 전설 | 인도·유럽 어족이란?
아리아인 | 메디아 왕국 | 고대 세계의 7대 불가사의 | 불을 숭배한 조로아스터교
십계명을 받은 모세 | 『구약 성서』 | 지혜로운 왕, 솔로몬 | 진리의 저울 | 문화재의 약탈
대승 불교와 소승 불교 | 간다라 미술 | 굽타 미술 | 소진과 장의 | 『삼국지』

고대 사회 연표

고대 그리스, 서양 문명의 시작 … 124

최초의 서양 문명, 고대 그리스 문명

오리엔트 문명을 그리스에 전해 준 에게 문명

트로이 전쟁

그리스인의 삶의 공동체, 폴리스

그리스 신화

전사의 도시 스파르타와 민주주의의 도시 아테네

그리스 세계의 승리로 끝난 페르시아 전쟁

아테네 민주 정치의 황금기, 페리클레스 시대

아테네를 몰락시킨 펠로폰네소스 전쟁

서양 문화의 원류가 된 그리스 문화

철학의 등장
소크라테스 | 플라톤 | 아리스토텔레스

크노소스 궁전 | 서사시 | 폴리스 | 그리스 로마 신화
스파르타의 계급 | 그리스의 시민 | 현대의 민주 정치와 닮은 점, 다른 점

고대 그리스 연표

헬레니즘 시대, 동서양의 만남 … 172

알렉산드로스 제국

헬레니즘 문화

고르디온의 매듭 | 알렉산드리아
부력의 원리를 발견한 아르키메데스

고대 로마, 통일 대제국의 완성 … 186

시민이 직접 통치자를 뽑는 공화정

로마와 카르타고

삼두 정치의 대두

왕이 되고 싶었던 카이사르

옥타비아누스, 팍스 로마나

네로 황제

실용적인 로마의 문화

동로마와 서로마로의 분리

그리스도교의 탄생

그리스도교가 로마를 만나 성장하다

유대인의 패망

로마의 몰락

로마의 건국 전설, 로물루스와 레무스 이야기 | 로마의 콜로세움
'가위'는 왜 영어로 '시저'인가? | 로마의 화려한 건축
시민들의 사교장, 공중 목욕탕 | 모든 길은 로마로 통했다
삼위일체설 | 비잔틴 문화의 중심지, 콘스탄티노플

헬레니즘 시대에서 고대 로마까지 연표

아이들이 『공부가 되는 세계사』를 읽으면 좋은 이유

1 세계사에 대한 흥미와 관심을 높여 줍니다

인간은 왜 집단생활을 했으며 어떤 과정을 통해 도시와 국가를 만들었을까? 문자는 왜 생겨났으며 오늘날의 문명은 무엇 때문에 탄생하게 되었을까? 전쟁은 왜 일어날까? 유럽, 아시아, 아메리카, 아프리카는 어떻게 탄생했으며 어떤 문화적 차이가 있을까? 철학, 종교, 예술, 과학 등 오늘을 대표하는 문화와 사상들은 어떻게 만들어지고 인간에게 어떤 영향을 미쳤을까? 세계사가 지금의 나와 어떤 연결 고리가 있고 왜 세계사를 알아야 하는지 그 이유를 아이들의 호기심을 풀어내는 형식으로 쉽게 설명해 냄으로써 어렵게만 여겨지던 세계사가 재미있고 쉽게 술술 읽히면서도 세계 문화와 역사의 큰 흐름을 자연스럽게 이해하도록 구성했습니다.

2 어려운 세계사의 개념을 바로 해결합니다

선사 시대와 고대, 중세, 근대, 현대는 무엇으로 구분할까? 우리가 늘 듣는 용어지만 그 구체적인 뜻은 모호한 세계 4대 문명, 오리엔트, 르네상스, 계몽주의, 성문법, 민주주의, 사회주의, 자본주의 등은 도대체 어떻게 사용되기 시작했고 어떤 깊은 의미를 포함하고 있을까? 세계사를 통해 만들어져 오늘날에도 일상생활에서 흔히 사용되는 어휘와 개념들을 암기를 넘어 세계사의 큰 흐름 속에서 이해하고 활용할 수 있도록 똑똑하게 알려줍니다.

3 글로벌 안목을 높이고 생각하는 힘을 길러 줍니다

우리 아이들이 세계의 주역으로 성장하기 위해 세계사를 이해하는 것은 필수적인 요소입니다. 글로벌 안목은 세계사를 통해 길러지고 깊어집니다. 또한 역사학자 리처드 에번스는 "역사는 그것이 어떻게 일어났으며 어떻게 소멸하고 어떤 영향을 주었는가를 파악하는 것이 더 중요하다."라고 했습니다. 이처럼 역사는 단순히 과거에 어떤 일이 있었는지 사실 관계를 아는 것에 그치는 것이 아니라 그것이 일어난 배경과 그렇게밖에 될 수 없는 필연적 이유를 아는 것이 더 중요합니다. 그러므로 역사를 제대로 알고 이해하는 것은 사물에 대한 사고력과 판단력을 폭넓게 길러 줍니다. 역사는 바로 한 사람의 삶을 결정하는 가치관의 노둣돌과 같습니다.

4 공부의 즐거움을 깨치는 『공부가 되는 세계사』

〈공부가 되는〉 시리즈는 공부라면 지겹게만 여기는 우리 아이들에게 "아, 공부가 이렇게 즐거운 것이구나!" 하는 것을 깨우쳐 주면서 아울러 궁금한 것이 많은 우리 아이들의 지적 호기심도 해결해 주는 시리즈입니다. 공부의 맛과 재미는 탄탄한 기초 교양의 주춧돌 위에 세워질 때 그 효과가 배가됩니다. 그리고 그 기초 교양은 우리 아이들의 학습에서 자기 주도적 능력을 내는 데 큰 밑거름이 됩니다. 『공부가 되는 세계사』는 세계의 역사를 알고 이해하는 과정을 통해 세계를 통찰하는 깊이 있는 안목과 자신의 세계관을 키울 수 있도록 만들어졌습니다. 우리 아이들이 이 책을 통해 세계의 교양인으로 거듭나기를 바랍니다.

선사 시대,
인류 역사의 99%

이제 우리는 인류의 첫 출발부터 오늘에 이르기까지의 긴 역사 여행을 시작합니다. 이 여행을 통해 인류가 언제 어디서 출발했고 무엇을 해 왔는지 보게 될 것입니다. 이 여행을 통해 우리는 세계 여러 나라의 역사와 문화가 어디에 뿌리를 두고 있는지 이해할 수 있으며 또 앞으로 우리 인류가 어떻게 살게 될 것인지도 짐작해 볼 수 있습니다. 그래서 역사를 현재의 뿌리이자 미래의 거울이라고도 합니다.

선사 시대,
인류 역사의 99%

글이 없던 선사 시대

　인류의 출현부터 문자로 역사를 기록하기 이전의 시대를 선사 시대, 문자로 역사를 기록한 이후의 시대를 역사 시대라고 합니다. 또 선사 시대를 원시 시대라고도 부릅니다. 물론 그때 살았던 사람들을 원시인, 원시 인류라고 부릅니다. 이 시기의 사람들은 떠돌아다니며 사냥을 하고 열매를 따먹으며 함께 무리를 이루어 생활을 했습니다. 사냥을 하거나 맹수들의 위협에 대항하거나 집을 짓고 먹을 것을 구하는 등 안전하게 생활하는 데에는 혼자보다는 무리를 이루는 것이 훨씬 유리했기 때문입니다. 그리고 함께 모은 식량은 모두가 공평하게 나누어 가졌습니다.

원시 인류가 살아남기 위해 선택한 집단 생활은 시간이 흐르면서 가족을 이루고 사회를 구성하고 나라를 세우는 등 인류가 살아가는 방식을 결정짓는 중요한 요인이 됩니다. 지금 여러분이 함께 사는 가족과 다니는 학교 역시도 인류가 살아남기 위해 생각해 낸 여러 지혜들 가운데 하나입니다. 이처럼 혼자서는 살아남기 힘들었던 원시 인류가 어떻게 가족을 이루고 사회를 구성하고 나라를 만들어 오늘에 이르게 됐는지, 인류의 오랜 시간 여행을 떠나 볼까요?

구석기 시대의 대표 유물, 주먹 도끼

프랑스에서 발견된 30만~100만 년 전의 주먹 도끼입니다. 주먹 도끼는 도끼날이 되는 돌을 다른 돌에 부딪쳐 끝을 날카롭게 해서 만들었습니다. 동물의 가죽을 찢어 옷을 만들거나 동물을 잡아 고기를 자를 때 쓰였을 것이라 추측하고 있습니다.

빗살무늬 토기
서울 암사동 선사 유적지에서 발굴된 신석기 시대에 쓰인 빗살무늬 토기입니다. 흙으로 만든 그릇에 빗살무늬를 넣어 아름다움을 추구했습니다. 유럽에서 발견되는 토기에는 직선무늬가 많이 들어 있다 합니다.

구석기 시대, 신석기 시대

학자들은 선사 시대를 원시인들이 주로 사용한 도구인 돌의 사용법에 따라 시대를 나누기도 합니다. 선사 시대는 돌을 그대로 사용하거나 주먹으로 쥘 수 있을 정도의 크기로 깨뜨려 사용한 구석기 시대, 돌을 갈아서 더 날카롭고 정교하게 도구로 만들어 쓴 신석기 시대로 나눕니다. 돌멩이를 깨뜨려 사용하다가 필요한 도구의 종류와 크기가 다양해짐에 따라 갈아서 만들어 쓴 것입니다.

구석기 시대에는 주로 이동 생활을 했고, 채집과 사냥을 통해 먹을 것을 구했습니다. 계절에 따라 먹을 것이 바뀌고, 동물들도 이동하기 때문에 먹을 것을 채집하고 사냥하기 위해서 인류는 끊임없이 이동을 해야 했습니다. 그래서 구석기 시대에 쓰인 도구들은 지금도 세계 곳곳에서 발견되지만 집은 발견되지 않습니다. 신석기 시대부터 인류는 한곳에 정착하여 살게 됩니다. 집을 지어 생활했으며 야생 식물을 재배하거나 짐승을 길러 고기와 가죽을 얻었습니다. 바닷가나 강가에서는 물고기를 잡거나 조개를 줍기도 했고, 토기를 만들어 음식을 보관했습니다.

선사 시대의 생활은 어떻게 알 수 있나요?

선사 시대는 문자로 기록된 것이 없기 때문에 그 시대의 생활상을 유적과 유물을 통해 짐작할 수 있습니다. 옛날 사람들이 남긴 물건을 유물이라고 하고, 옛날 사람이 남긴 자취, 즉 건축물이나 싸움터 또는 역사적인 사건이 벌어졌던 곳이나 패총(조개더미), 무덤 같은 것을 유적이라고 합니다. 이런 유적과 유물을 발굴해서 옛날의 생활상을 연구하고 밝혀내는 사람들을 고고학자라고 합니다.

　보통의 경우, 우리는 옛날 사람들이 어떻게 생활했는지 궁금할 때 역사책을 보면 됩니다. 역사책은 옛날 사람들이 자신의 생활을 글로 남겨 놓은 것들을 모아 우리가 보기 쉽게 엮은 것이기 때문입니다. 하지만 인간의 역사에서 문자가 사용된 시기는 전체 역사의 1퍼센트도 채 안 됩니다. 나머지 99퍼센트의 역사는 문자가 발명되기 이전에 이루어졌습니다. 그러니 인간의 역사를 이해한다고 할 때 글자로 기록을 남기기 이전의 역사를 빼놓고는 다 안다고 할 수 없습니다. 그래서 고고학자들은 문자 이전의 역사를 알아내기 위해 옛날 사람들이 남긴 유물이나 유적을 찾아다니며 그들이 남긴 흔적을 통해 그들의 생활상을 밝혀냈습니다.

　예를 들면 동굴에서 돌로 만든 칼, 진흙을 말린 그릇(토기), 그리고 여러 사람의 뼈가 발견되었다면 그것을 통해 원시인들은 동굴에서 생활했고, 집단 생활을 했으며, 돌칼로 사냥을 했을 것이라 짐작할 수 있습니다. 또 그릇이 있던 것으로 보아 열매나 곡식을 채집했다는 것도 알 수 있습니다. 동굴 벽에 무언가를 그려 놓았다면 그 벽화를 통해 당시 사람들이 무슨 생각을 했는지도 짐작해 볼 수 있는 것입니다.

　그러니까 유물이나 유적들은 역사책에 기록된 이야기들이 사실이라는 것을 뒷받침하는 증거품과 같습니다. 만약 여러분

선사 시대를 대표하는 유적, 고인돌
기원전 5000년경의 고인돌입니다. 인간은 아주 오래 전부터 다른 이의 죽음을 슬퍼하고 기념했었습니다. 우리나라에도 세계 문화유산으로 지정된 고인돌 터가 강화도에 있습니다.

이 박물관에 간다면 원시 시대 사람들이 남긴 유물을 보고 옛사람들의 생활 모습을 추리해 볼 수 있을 것입니다. 그리고 그것이 역사책에는 어떻게 쓰여 있는지 비교해 보는 것도 재미있을 것입니다.

그럼 이제부터는 본격적으로 원시인들이 언제 어디서 나타났고, 어떻게 생겼으며, 어떻게 생활했고, 또 그들이 어떻게 진화해서 지금의 인류가 되었는지 이야기를 시작해 볼까요?

인류의 탄생, 두 발로 걷다

사람이 지구에 처음 등장한 것은 지금부터 400만 년 전쯤입니다. 우리는 최초의 인류를 오스트랄로피테쿠스로 추정합니다. 그러면 왜 오스트랄로피테쿠스를 최초의 인류라고 인정했을까요? 사람보다 원숭이에 가까운 모습을 하고 있었는데 말입니다.

인간은 사자나 호랑이처럼 날카로운 이빨을 가지고 있지도 않고, 표범처럼 빠르지도 못합니다. 게다가 다른 동물에 비해 갓 태어난 아이가 자라서 스스로 생활하는 데까지는 아주 오랜 시간이 걸리기도 합니다. 이런 신체적인 약점들로 인해 400만 년 전의 최초 인류는 수시로 맹수들에게 공격을 당하며 공포 속에서 하루하루를 힘겹게 살아가야 했을 겁니다.

그러한 나약한 인류를 특별한 존재로 만들어 놓은 것은 바로 직립 보행입니다. 직립 보행이라는 말은 두 발로 걷는다는 뜻입니다. 하지만 최초의 인류는 좀 구부정한 자세로 걸었습니다.

원숭이보다 털은 적고, 원숭이보다는 손과 발이 구분된 정도의 모습을 하고 있었습니다. 직립 보행이 시작되자 두 손을 자유로이 쓸 수 있게 되었고 처음에는 그 두 손으로 지금의 우리와 다른 행동들을 했을 것입니다. 그러다 손의 가장 유용한 용도를 알아냈습니다. 바로 두

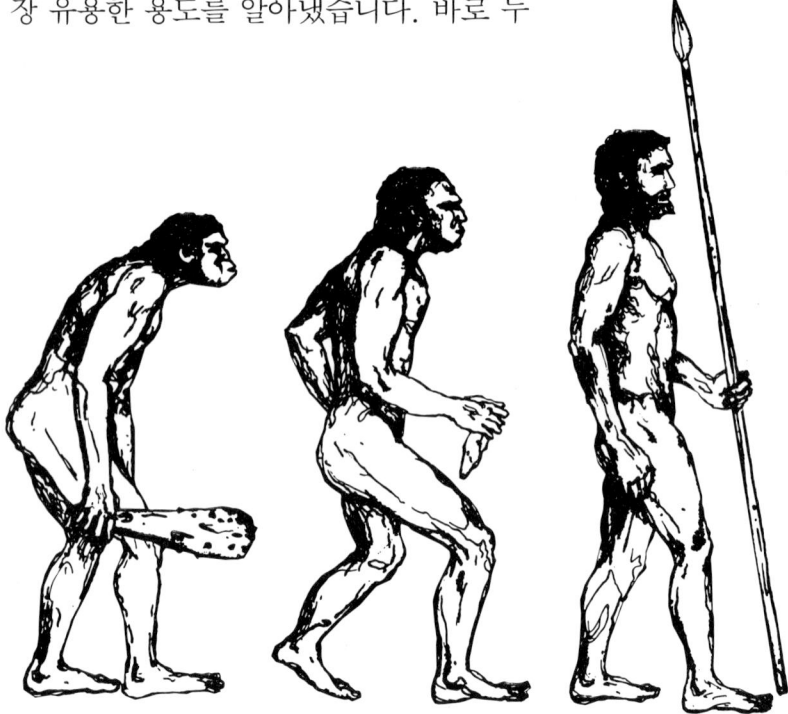

인류의 진화
인간은 직립 보행을 하게 되면서 도구를 활용하게 되고, 도구를 더 잘 활용하기 위해 머리를 사용함으로써 뇌 용량이 커져 왔습니다. 이 진화 과정은 수백만 년에 걸쳐 일어났습니다.

손을 가지고 생존에 필요한 일들을 하기 시작한 것입니다. 막대기와 돌을 들고 다니며 무리를 지어 사나운 맹수를 상대했을 것입니다. 무리를 지어 한꺼번에 돌을 던진다면 웬만한 동물도 도망가지 않고는 못 배길 겁니다. 또 두 발로 걸으며 나무에 달린 열매를 따기도 했을 것입니다. 이렇게 살아가는 방법을 하나하나 터득해 가며 살던 그들은 같이 뭉쳐 지내면서 뿔이나 날카로운 이빨이 없이도, 또 빠르지 않아도 잘 살아남을 수 있었을 것입니다. 그러면서 신체 구조는 점점 직립 생활에 맞게 변해 갔습니다. 이렇게 인류의 시대가 시작된 것입니다.

오스트랄로피테쿠스

오스트랄로피테쿠스는 '남방의 원숭이'라는 뜻의 말입니다. 약 400만 년 전부터 160만 년 전까지 아프리카 남쪽에서 생활했으며 두뇌 용량은 고릴라와 비슷한 500~600밀리리터 정도입니다. 이들을 인류의 조상으로 보는 것은 돌이나 짐승 뼈를 다듬어 도구로 사용할 줄 알았다는 점과 두 발로 걸어다니 점 등 인간만이 가진 특성을 가지고 있기 때문입니다.

　오스트랄로피테쿠스는 두뇌의 크기가 현대인의 반밖에 되지 않았지만 두 발로 걸은 최초의 인류입니다. 두 발로 걷기 시작하자 두 손이 해방되어 자유롭게 사용할 수 있었고 동물의 뼈와 돌로 간단한 도구를 만들어 사용하기 시작했습니다. 인류는 이렇게 신체적 약점을 보완하면서 먹이와 생활을 해결했을 뿐 아니라 손과 두뇌를 더욱 발달시켜 자연 환경과 맹수들의 공격을 이겨낼 수 있었습니다. 그리고 마침내 다른 동물들과는 구별되는 특별한 능력을 가진 존재로 성장할 수 있었습니다.

　이처럼 오스트랄로피테쿠스는 생김새는 원숭이와 별다를

오스트랄로피테쿠스의 두개골
남아프리카 공화국에서 발견된 약 300만 년 전의 두개골입니다. 플레스 여사(Mrs. Ples)라는 이름으로도 유명합니다. 작은 두개골과 발달한 턱이 인상적입니다. 남아프리카 공화국의 트란스발 박물관에 소장되어 있습니다.

바가 없지만 두 발로 걷고 도구를 만들고 활용할 줄 알았기에 도구를 통한 창조적 노동과 효율적인 집단 생활이라는 인간만이 가진 특별한 능력을 발전시킬 수 있었습니다. 이는 인간을 약자에서 강자로 부상시키고 마침내 만물의 주인공으로 세우는 원동력이 되었습니다. 그래서 오스트랄로피테쿠스를 인류의 조상으로 인정하는 것입니다.

최초의 사람은 어디서 살았을까요?

오스트랄로피테쿠스가 살던 곳은 지금까지 발견된 화석을 근거로 아프리카 남쪽이라고 추정합니다. 오스트랄로피테쿠스는 '남방의 원숭이'라는 뜻을 가지고 있습니다. 생김새가 원숭이와 비슷했고 그들의 뼈가 발견된 곳이 아프리카 남쪽이었기 때문입니다.

당시 지구는 빙하기였기 때문에 유럽, 아시아 북부, 북아메리카는 얼음으로 덮여 있었습니다. 사람이 살기 좋을 만큼 따뜻한 곳은 바로 아프리카였습니다. 최초의 인류가 아프리카에서 태어난 건 그 때문입니다.

인간과 동물의 차이점은 무엇일까요?

인간만이 두 발로 걷지는 않습니다. 침팬지나 오랑우탄 등 영장류 동물들도 두 발로 걷습니다. 인간만이 도구를 사용하지도 않습니다. 여러 동물들 역시 돌이나 나무 막대기를 이용해서 먹이를 구하고 집을 짓곤 합니다. 개미나 벌은 함께 모여 집단을 이루고 각자의 할 일을 나누어 살고 있습니다. 고래는 우리 귀에는 잘 들리지 않는 아주 높은 소리로 서로 대화하고 노래도 부르곤 합니다. 코끼리는 사자에게 다친 어린 코끼리를 보호하다 늙은 코끼리가 죽었을 때는 모두 모여 죽음을 슬퍼하기도 합니다.

자연에 대한 오랜 연구 결과, 오직 인간만이 할 것이라 생각했던 많은 행동 역시 동물들도 하고 있다는 것을 발견하게 되었습니다. 그러나 인간은 다른 동물들과 달리 문화를 발달시키고 자연을 넓게 이용하며 우주까지 진출하고 있습니다. 그 이유는 인류 한 사람 한 사람이 동물보다 지능이 탁월해서가 아닙니다. 인류는 알고 있는 것을 공동으로 나누고 이런 앎을 여러 세대에 걸쳐 모으고 나누어 발전시켰기 때문에 지구에서 크게 번성한 종이 된 것입니다.

그 후 인류는 몇 차례 더 혹독한 빙하기를 겪게 됩니다. 빙하기란 지구의 기온이 내려가서 따뜻한 온대 기후 지역도 얼음으로 덮이는 것을 말합니다. 추운 겨울은 점점 모질고 길어졌습니다. 그래서 인류의 조상은 아프리카를 벗어나 유럽이나 인도, 중국까지 세계 전역으로 퍼져나가게 됩니다. 그런데 더운 곳에서 살았던 원시인들이 어떻게 이런 추위를 견딜 수 있었을까요?

바로 불입니다.

올두바이 선사 시대 유적지
아프리카 탄자니아에 있는 올두바이 선사 시대 유적지입니다. 이곳에서 70만 년 전에 사용된 주먹 도끼가 발견되었습니다. 작은 자갈에서 돌조각을 얇게 떼어내 만든 주먹 도끼는 '올도완 석기'로 부르기도 합니다.

약 50만 년 전, 구부정하게 걷던 오스트랄로피테쿠스의 뒤를 이어 직립 자세가 거의 완전해진 직립 인간, '호모 에렉투스'가 출현합니다. 두 다리로 반듯이 서서 걸어 다닌다고 해서 에렉투스라는 이름이 붙었습니다. 이들은 오스트랄로피테쿠스보다 두 배나 큰 뇌 용량을 가졌고 동굴에 살면서 불과 언어를 사용할 줄 알았습니다. 불을 사용함으로써 추위와 맹수의 위협으로부터 벗어날 수 있었고 어두운 밤에도 활동할 수 있게 되었습니다. 또 간단한 언어를 사용해 의사소통을 하였습니다.

그 후 현재의 우리와 비슷하게 생긴 인류가 나타났는데 대략 20만 년 전쯤입니다. 바로 지혜로운 인간이라는 뜻을 가진 '호모 사피엔스'입니다. 이들의 뇌 용량은 현재의 인류와 비슷했고 동물 뼈를 이용해 귀고리를 만들기도 하였으며 동물 가죽으로 옷을 만들어 입기도 했습니다. 그릇이나 화살 등과 함께 시체를 묻는 장례를 치르기 시작했습니다. 이라크의 샤니다르에서 발굴된 호모 사피엔스의 무덤에는 꽃송이가 뿌려져 있었습니다.

그리고 나서 머리가 좀 더 비상하고 말주변이 뛰어난 현재 인류의 직접 조상인 호모 사피엔스 사피엔스가 등장합니다. 이들은 이제 웬만한 추위도 이겨낼 만큼 강해져서 얼어붙은 바다를 건너 아메리카 대륙까지 터전을 넓히며 전 세계 곳곳에 퍼져 살게 되었습니다. 그리고 서로 다른 환경에 적응하면서 황인종, 백인종, 흑인종 같은 신체적 특징이 나타나게 되었습니다.

이들은 먹이를 더 잘 구하기 위해 더욱 정교한 도구를 만들었고 동굴의 벽에 큰 뿔을

호모 에렉투스
호모 에렉투스는 최초로 아프리카를 떠난 인류입니다. 특히 불을 사용했다는 것은 굉장한 일입니다. 불을 사용함으로써 추위나 사나운 동물로부터의 위협이 줄어들었습니다. 또한 음식을 익혀 먹음으로써 질병에 덜 걸리게 되었고 턱은 작아지게 되었습니다.

호모 에렉투스

50만 년 전에 등장했으며 두 다리로 반듯이 서서 걸어 다닌다고 해서 붙여진 이름입니다. 두뇌 용량은 1,000밀리리터를 넘었고 언어와 불을 사용할 줄 알았습니다. 호모 에렉투스의 화석은 아프리카, 유럽, 동남아, 중국뿐 아니라 우리나라의 상원 검은모루 동굴과 난양 금굴에서도 발견되었습니다.

호모 사피엔스

약 20만 년 전에 등장했으며 '슬기로운 사람'이라는 뜻입니다. 두뇌 용량은 1,200~1,300밀리미터 정도이며 동물의 가죽으로 털옷을 만들어 입었고 죽음을 슬퍼하며 장례를 치렀다고 합니다.

가진 소나 양 같은 그림을 남기기도 했고 진흙으로 여인상을 조각하기도 했습니다. 이것은 자신들의 안전과 풍요를 그림이나 조각을 통해 표현하고 빌면서 종교와 예술의 정신적인 세계에 눈을 뜨게 되었다는 것을 의미합니다. 여느 동물들과는 다른 진정한 인간의 시대가 시작한 것입니다. 이때가 약 5만 년 전입니다.

앞에서 살펴본 바와 같이 인류는 처음에는 원숭이와 별다를 바 없었습니다. 나무에 매달려 사는 대신 땅에 발을 딛고 살기 시작한 최초의 인류로부터 예술 활동을 한 호모 사피엔스 사피엔스까지 적어도 400만 년 이상의 긴 시간이 걸렸습니다. 우리 한국의 역사가 5000년 정도이고 그 기간 동안 수많은 변화가 이루어진 것에 비교하면 인류의 진화는 정말 오랜 시간에 걸쳐 이루어진 것입니다. 그 이유는 원시인에게는 먹을거리가 충분했기 때문입니다. 인구에 비해 사냥감들이 충분했고 열매도 부족하지 않았을 것입니다. 필요하면 언제든 사냥을 하거나 열매를 따먹으면 되는데 굳이 빨리 변화해야 할 이유가 없었을 것입니다. 사냥할 도구 몇 가지와 간단한 몇 마디의 언어만 있으면 살아가는 데 충분했을 것입니다. 물론 자신이 알고 있는 유용한 지식들을 오래도록 남기고 전달할 수단도 필요하지 않았을 것입니다. 따라서 그들의 진화는 현재 인류가 변화하는 속도에 비

에스파냐 북부에 있는 알타미라 동굴 벽화
알타미라 동굴은 구석기 시대의 박물관이라고 불릴 정도로 구석기인들이 그려 놓은 벽화로 가득합니다. 동굴에서는 들소, 멧돼지, 사슴을 그린 수십 점의 벽화와 가죽옷, 석기, 숯과 같은 생활용품이 발견되었습니다.

빌렌도르프의 비너스
빌렌도르프의 비너스는 약 2만 2000~2만 4000년 전에 만들어졌을 거라고 추정되는 석상입니다. 크기는 11.1센티미터 정도로 작습니다. 아주 오랜 옛날의 이상적인 여성, 혹은 풍요를 상징하는 여성일 것이라는 의견이 있습니다.

호모 사피엔스 사피엔스

오늘날 인류의 직접적인 조상으로 약 4만 년 전에 등장했으며 '슬기롭고 슬기로운 사람'이라는 뜻을 가졌습니다. 두뇌 용량은 오늘날 인류와 비슷한 1,500밀리리터 정도이며 이들은 벽화와 조각 등의 훌륭한 예술 작품을 남겼습니다.

하면 상상할 수 없을 정도로 오랜 시간이 걸렸습니다.

원시인들은 주변에 먹을 것이 떨어지면 나무 열매나 사냥할 동물을 찾아 다른 곳으로 옮겨 다녔는데 이렇게 사냥을 하고 열매를 따면서 살아가는 방식을 수렵 채집 생활이라고 합니다.

이 무렵 인류는 30~40명 정도가 집단 생활을 했습니다. 약한 동물들이 무리를 지어 생활하듯 인간도 생존을 위해서는 집단을 이루어 맹수의 위협이나 사냥을 위해 모든 구성원이 힘을 모아야 했습니다. 이렇게 얻어진 것들은 모두가 공평하게 나누어 가졌습니다. 왜냐하면 누군가를 굶게 해 집단의 힘을 약하게 만드는 것은 결국 모두에게 해가 되었기 때문입니다.

그런데 이런 원시인들의 삶을 바꿔 놓은 혁명적인 일이 일어납니다. 400만 년의 느린 삶을 빠른 속도로 변화시키기 시작한 사건입니다.

농사를 시작하고 집을 짓고 살다

1만 년 전쯤 빙하기가 끝나고 지구가 따뜻해지자 사람이 살 수 있는 지역도 넓어지고 인구도 늘어났습니다. 당시 인구는 약 500만 명 정도로 추정됩니다.

그러다 인류에게 혁명과 같은 일이 일어납니다. 바로 씨앗의 유용함을 깨닫기 시작한 것입니다. 과일이나 짐승의 고기는 썩기 때문에 저장할 수 없었고 그때그때 먹을 것만 사냥하거나 채집하면 그만이었습니다. 저장을 할 수 없었기에 더 많이 사냥하거나 모아 둘 필요도 없었습니다. 그런데 인류는 씨앗이 먹을 수 있을 뿐만 아니라 잘 썩지 않아 오랫동안 보관할 수 있다는 사실을 알아냈습니다. 식량이 없을 때를 대비할 수 있게 됩니다. 그 결과 필요한 식량만 사냥하거나 채집하던 사람들이 더 많은 씨앗을 얻기 위해 농사를 시작했습니다.

약 7000년 전 사람들은 농사를 짓기 시작합니다. 어떻게 농사를 짓기 시작했는지는 분명하지 않지만 우연히 사람들이 먹고 버린 씨앗에서 싹이 트는 것을 발견했을 겁니다. 그리고 그렇게 씨를 뿌리고 곡식을 얻는 것이 떠돌아다니며 먹을 것을 얻는 것보다 식량 확보에 더 유리하다고 생각했을 것입니다. 농사를 짓기 시작하면서 사람들은 떠돌아다닐 필요도 없게 되었고 정착 생활을 하게 되었습니다. 이렇게 식량을 축적할 수 있게 되자 들에서 잡은 짐승들도 가둬 놓고 먹이를 주면서 기르게

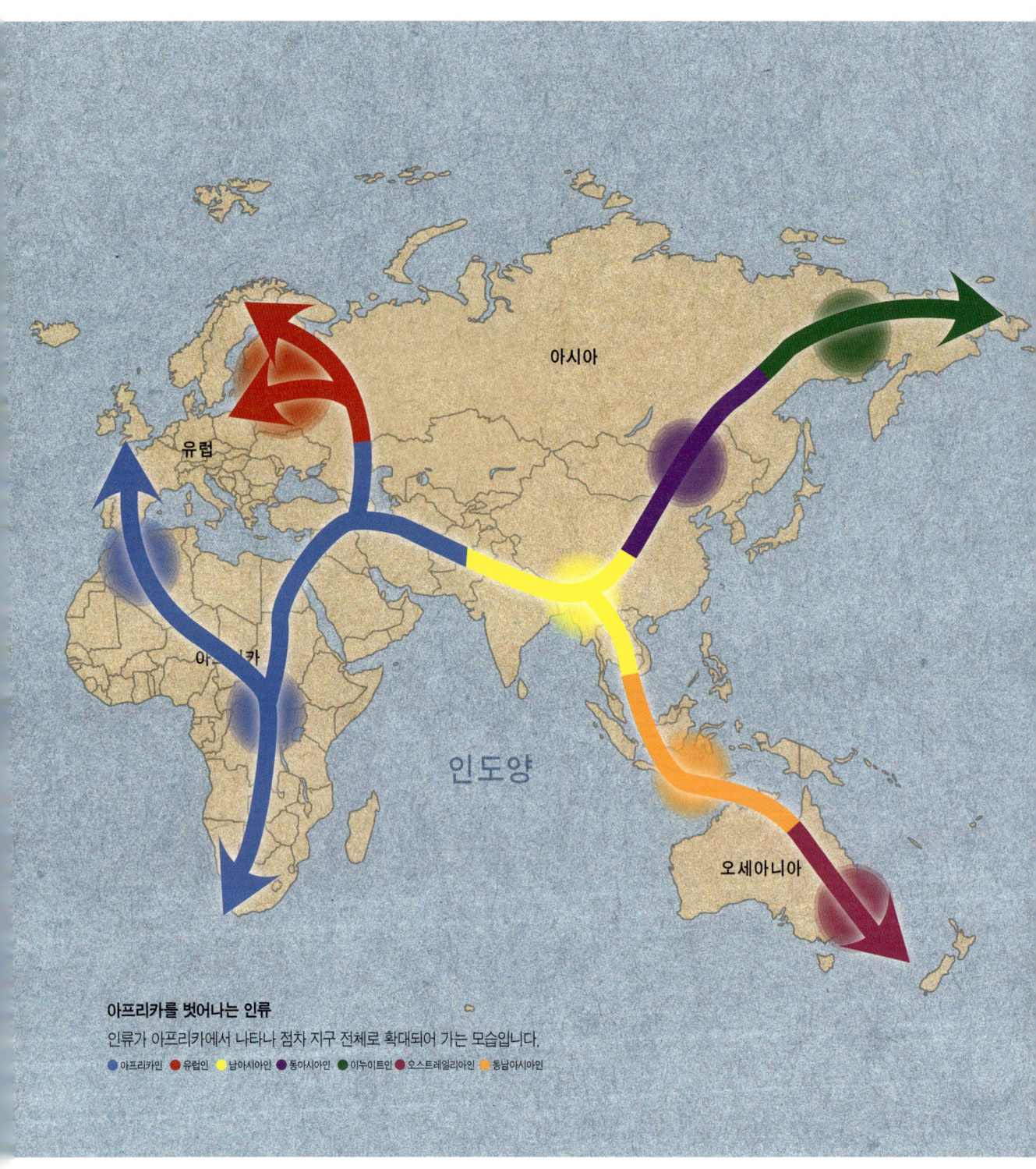

아프리카를 벗어나는 인류
인류가 아프리카에서 나타나 점차 지구 전체로 확대되어 가는 모습입니다.
● 아프리카인 ● 유럽인 ● 남아시아인 ● 동아시아인 ● 이누이트인 ● 오스트레일리아인 ● 동남아시아인

되었습니다. 야생 짐승들이 사람들과 오랜 세월 동안 같이 살게 되면서 가축이 되었고, 이러한 가축들은 필요할 때 식량으로도 사용하고 사냥을 돕기도 하고 농사에도 이용되었습니다. 또 음식을 조리하거나 보관하기 위해 토기는 물론 다양한 도구들도 제작하게 되었습니다.

이렇게 농사와 목축을 통해 사람들은 당장 필요한 양보다 더 많은 식량을 얻게 되었습니다. 그러자 사람들은 먹고 남은 식량을 모아 두게 되었습니다.

그런데 남는 식량이 생기자 사람들의 관계가 달라지기 시작합니다. 남은 식량을 어떻게 관리하느냐에 따라 사람마다 양의 차이가 났고, 더 많은 식량을 차지하는 사람의 영향력이 점점 더 커지게 되었습니다. 그리고 돌보다 더 단단한 도구와 무기를 가진 사람도 생겨났습니다. 결국 한 집단 안에서 힘을 인정받은 사람, 즉 우두머리가 생겼고, 부자와 가난한 자가 생기고 신분과 지위의 차이가 생겨났습니다.

농업 혁명, 도시와 마을을 만들다

생활이 풍요로워지자 사람들은 예전처럼 이동할 필요가 없어졌습니다. 농경이 발달하면서 한곳에 모여 사는 사람들의 수가 점점 많아지고, 도시와 마을이 생겨났습니다.

이것은 인간에게 아주 커다란 변화를 가져왔습니다. 산과 들을 헤매며 먹을 것을 찾아 하루하루 어려움 속에서 살아가던

인류가 농사를 시작함으로써 안정적인 삶을 살며 종교와 문화, 예술을 발전시키기 시작한 것입니다. 역사가들은 이것을 두고 농업 혁명이라 부르기도 합니다.

그리고 그렇게 사람들이 모여 도시가 발달한 곳에 그 지역의 자연환경과 어우러진 문명이 발달하게 됩니다.

토기를 잘 만들던 사람들, 옷을 잘 만들던 사람들, 나무 도구를 잘 만들던 사람들은 이제 농사를 짓지 않고 그릇만 빚어도, 옷만 만들어도 살 수 있게 되었습니다. 그들은 자신이 만들어

청동기 시대의 고인돌
아일랜드에 있는 고인돌입니다. 고인돌은 청동기 시대에 만들어진 무덤으로 작은 돌에서부터 어마어마하게 큰 바위에 이르기까지 크기와 종류가 다양합니다.

낸 물건을 농산물과 교환하면 되었기 때문입니다. 또 그런 생산물을 가져다가 교환해 주는 상인들은 집을 떠나 장사만 해도 살 수 있게 되었습니다. 농사를 잘 지으면 필요한 것을 더 많이 가질 수 있었고, 옷을 더 많이 만들게 되면 더 많은 것을 가질 수 있었기에 기술은 더욱 발달하게 됩니다. 더 많이 생산된 것들은 더 많은 사람들과 교환이 필요했고 그러면서 자연스럽게 상업 또한 점점 발달하게 됩니다.

농사를 잘 짓기 위해서 튼튼한 도구들이 필요해졌고, 농사를 지을 땅이 누구 것인지를 명확하게 하기 위한 기술들과, 물건이 몇 개이고 무게가 얼마나 나가고 어떻게 교환해야 할지 셈을 할 문자들도 필요해졌습니다. 이런 필요에 따라 인간들은 청동이나 철과 같은 금속을 다루는 법, 땅을 재는 방법, 여러 거래와 셈을 할 문자 등을 개발하게 되었습니다. 그리고 금속을 많이 가진 곳이나 또 금속을 다룰 줄 아는 사람, 그리고 사람들이 필요한 것을

청동기 시대의 무기
청동으로 만든 창의 끝부분입니다. 손잡이는 나무로 만들어 연결했습니다. 청동이라는 금속을 사용하여 이전 시대의 무기들보다 더 가볍고 날카롭게 만들 수 있었습니다.

선사 시대, 인류 역사의 99% **33**

이집트 농부
소를 모는 선사 시대 이집트 농부의 모습입니다.
농사를 통해 인간은 문명을 이루게 됩니다.

서로 교환할 수 있는 상업이 활발한 도시가 더 부유해지고 힘을 가지게 되었습니다. 왜냐하면 이런 도시로 사람들과 여러 농산물, 도구들이 몰려들었기 때문이죠. 이를 통해 사람과 사람, 도시와 도시 간에도 힘의 균형이 깨어지고, 더 강하고 더 잘사는 사람과 도시가 생겨나게 됩니다. 잘사는 도시 사람들은 그 힘을 더 강하게 만들기 위해 주변의 도시들을 침략하여 힘을 키우려 했고, 가진 것이 너무 없는 작은 도시의 사람들은 먹고살기 위해 다른 도시를 공격하기도 하면서 전쟁과 싸움이 계속 일어나게 됩니다.

이처럼 농사의 발달로 인한 잉여 생산물, 도시의 발달, 문자의 출현, 금속 제조술 등 문명을 대표하는 것들이 함께 발달하면서 인간의 생활은 원시 시대와는 다른 모습으로 빠르게 발전해 나갑니다. 이제 인간은 자연에 순응하는 자연 그대로의 원시 사회에서 물질적, 기술적 발전으로 자연을 적극적으로 활용하고 이용하는 문명의 출발, 즉 고대 사회로 넘어가게 됩니다.

청동기 시대

청동기 시대는 청동으로 도구를 만들어 사용하기 시작한 때로부터 철기를 사용하기 전까지의 시대를 말합니다. 청동은 주석과 구리를 혼합해서 만든 금속입니다. 청동기 시대 이전은 신석기 시대, 즉 돌을 갈아 도구를 만든 시대였습니다. 농사를 짓고 전쟁을 하는 데 오래도록 돌을 갈아서 사용했지만, 인류는 돌보다 더 좋은 재료를 원하게 되었습니다. 잘 부서지지 않으면서 농사를 짓거나 전쟁을 치르기에 적합한 다양한 형태의 도구들과 무기들이 필요했기 때문입니다.

그럼 이러한 금속은 어떻게 발견되었을까요? 아마 산불이 지나갔거나 추위를 피하기 위해 오랫동안 불을 피워 놓은 뒤에 사람들은 땅에서 무언가 반짝이는 것을 발견했을 것입니다. 구리를 포함하고 있던 돌멩이가 뜨거운 불에 녹아내린 것을 보고 이 돌멩이는 보통 돌멩이가 아니라는 것을 알게 됩니다. 또한 돌과 달리 깨어지지도 않는 데다 불에 달구어 원하는 형태로 만들 수도 있다는 것을 알게 되었습니다. 물론 주석도 이러한 과정을 통해 발견하게 되었을 것입니다. 그리고 둘을 섞으면 더 단단한 쇠로 사용할 수 있다는 것을 알게 되었겠지요.

이렇게 만들어진 청동은 다양한 형태로 만들어 각종 농기구, 무기로 3000여 년간 널리 쓰였는데 이 시기를 바로 청동기 시대라고 부릅니다. 석기처럼 쉽게 부서지지 않는 금속 제조술의 발달은 인류의 문명을 한층 빠르게 발전시키는 계기가 되었습니다. 청동 유물은 세계 곳곳에서 발견되었습니다. 이집트의 피라미드에서는 기원전 3700년경의 청동 유물이 나왔고, 인도에서는 기원전 2500년경, 그리고 중국에서는 기원전 2000년경에 만들어진 유물이 발굴되었습니다.

철기 시대

철기 시대란 청동기 시대 이후 인류가 철로 만든 도구로 사용하게 된 시기를 말합니다. 철기 시대도 청동기 시대와 마찬가지로 누군가 철을 발견했을 테고 철이 청동보다 더 단단해서 무기를 비롯한 여러 면에서 훨씬 쓸모가 있다는 사실을 알고는 점점 청동기를 대체하는 도구로 사용하게 되었을 것입니다. 지금도 우리가 쓰고 있는 전화기, 컴퓨터, 자동차, 집, 텔레비전 등 철이 들어가지 않는 것이 없습니다.

철을 이용한다는 것은 높은 열을 내어 돌 사이에 조금씩 들어 있는 철을 따로 녹여낼 수 있다는 뜻입니다. 또 철이 많이 포함되어 있는 돌, 즉 철광석이 어디 있는지 그리고 어떻게 캐내는지도 알고 있다는 뜻입니다. 철을 캐내고 녹이고 무언가를 만들기 위해서는 그런 기술자들과 일하는 사람이 많아야 했을 것입니다. 그래서 오래된 철기 유물이 발견된 경우 우리는 그곳에서 오래전에 많은 사람들이 살았었고 또 수준 높은 기술을 가지고 있었다는 것을 미루어 짐작할 수 있는 것입니다. 인류가 철을 최초로 이용한 것은 기원전 4000년대 이집트에서였다고 알려져 있습니다.

철기 시대의 유골
초기 철기 시대의 유골입니다. 무덤에 함께 들어 있던 철제 칼을 통해 무덤에 묻힌 이가 살던 시대를 짐작해 볼 수 있습니다.

선사 시대 연표

1

오스트랄로피테쿠스 출현
오랜 진화를 거쳐 아프리카 남부에 우리 인류의 조상인 오스트랄로피테쿠스가 등장했습니다.

3

호모 사피엔스 출현
호모 사피엔스는 동물의 뼈로 장신구도 만들고, 누군가가 죽었을 때는 장례를 치르기도 했습니다.

빌렌도르프의 비너스

5

빌렌도르프의 비너스
선사 시대의 조각품인 빌렌도르프의 비너스입니다. 빌렌도르프의 비너스는 선사 시대 인류가 풍요를 기원하며 만들었다고 추측하고 있습니다.

기원전 400만 년

기원전 20만 년

기원전 2만 2000년

기원전 50만 년

기원전 5만 년

호모 에렉투스 출현
드디어 똑바로 서서 걷는 호모 에렉투스가 등장합니다. 그들은 불을 사용할 줄 알았고 언어도 있었습니다.

2

호모 사피엔스 사피엔스 출현
우리 인류의 직접적인 조상인 호모 사피엔스 사피엔스입니다. 종교와 예술 활동을 하고 아프리카를 벗어나 지구 전체에서 거주하기 시작합니다.

4

구석기 시대의 주먹 도끼입니다. 돌을 깨어내 모서리를 날카롭게 만들었습니다.

인류의 진화 과정을 간략하게 나타낸 그림입니다. 직립 보행과 함께 자유로워진 두 손으로 도구들을 쥐고 있습니다.

7. 빙하기 종료

빙하기가 끝나고 날이 따듯해지면서 인류는 점점 더 많이 퍼져 나가 살기 시작합니다.

인류가 아프리카에서 나타난 뒤, 점차 지구 전체로 확대되어 가는 모습입니다.

- 아프리카인
- 유럽인
- 남아시아인
- 동아시아인
- 오스트레일리아인
- 이누이트인
- 동남아시아인

아프리카를 벗어나는 인류

9. 농사의 시작

사냥과 채집을 하며 계절에 따라 떠돌아다니던 삶을 끝내고 농사를 지으며 인류는 한 곳에 머물러 살게 됩니다.

신석기 시대의 반달돌칼입니다. 돌칼의 구멍에 끈을 연결한 다음 손에 묶고 날을 쥡니다. 그 다음 날카롭게 갈아 만든 둥근 날 부분으로 곡물의 이삭을 따는 데 사용했습니다.

기원전 1만 년

기원전 7000년

기원전 1만 5000년

기원전 7500년

기원전 4000년

8. 신석기 시대 시작

인류는 이전의 구석기 시대처럼 돌을 떼서 도구를 만든 것이 아니라, 돌을 갈아 도구를 만들기 시작했습니다.

6. 알타미라 동굴 벽화 제작

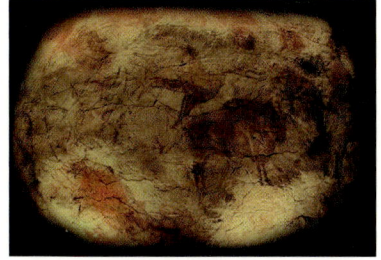

매우 사실적이고 정교하게 그려져서, 발견 당시 많은 놀라움을 주었던 알타미라 동굴 벽화입니다.

10. 청동기 시대 시작

인류가 주석과 구리를 합쳐서 청동으로 도구를 만들기 시작한 때입니다. 각종 무기에서부터 바늘까지 다양한 모양으로 만들 수 있는 청동은 이전에 돌로 만들던 도구들보다 훨씬 유용하여 인류의 삶에 큰 변화를 가져왔습니다.

고대 사회,
인류 문명의 발생

지금부터 여러분이 보게 될 이야기는 선사 시대가 아닌 역사 시대의 이야기입니다. 선사 시대는 그 당시에 기록된 문자가 없어서 유물이나 유적을 통해서만 파악할 수 있었습니다. 하지만 고대 사회부터는 역사 시대에 속합니다. 문자가 있고 그 문자로 쓰인 기록들이 지금까지 전해져 왔기 때문에 그 당시 사람들이 어떻게 살았는가를 오늘날의 우리들도 알 수 있는 것입니다.
그럼 이제 역사 시대로 가 볼까요?

고대 사회, 인류 문명의 발생

선사 시대에서 역사 시대로 넘어왔습니다. 이제부터는 문자로 기록된 역사를 통해 인류가 어떻게 살아왔는지를 알게 됩니다. 그래도 우리는 여전히 추측하고 짐작하며 세계의 역사를 둘러보아야 합니다. 지금 우리가 사용하는 문자와 고대 인류가 사용하던 문자가 달라 뜻을 정확히 이해하기는 어렵기 때문입니다.

세계 4대 고대 문명, 역사의 시작

인류는 세계 여러 지역에서 문명을 일으켰습니다. 그중에서 가장 일찍 일어난 것은 기원전 3500년경 티그리스 강과 유프라테스 강이 흐르는 메소포타미아 지역에서 발생한 문명과 나일 강이 흐르는 이집트 문명입니다. 이 두 문명의 뒤를 이어 인도의 인더스 강 유역과 중국의 황허 유역에서도 새로운 문명이 일어났습니다. 이 네 곳의 문명을 각각 메소포타미아 문명, 이집트 문명, 인더스 문명, 황허 문명이라고 합니다. 그리고 이 모두를 '세계 4대 고대 문명'이라고 합니다. 그렇다고 4대 문명 외에 다른 문명이 없었던 것은 아닙니다. 비슷한 시기에 아프리카, 아시아, 오스트레일리아, 남북아메리카 곳곳에서도 문명은 발달하고 있었습니다. 그러니까 세계 4대 고대 문명이란 이런 여러 문명 중에서 규모가 제일 크고 앞선 문명을 가리키는 말입니다.

> ### 기원전과 기원후
>
> 연도는 기원전과 기원후로 나누어 표기되는데, 이는 예수 탄생을 기준으로 나눕니다. 기원전은 예수 탄생 전이라 하여 영어 'Before Christ'의 머리글자를 따 B.C.로, 기원후는 '주님의 해', 즉 '예수 그리스도의 해'라는 뜻으로 라틴어 'Anno Domini'의 머리글자를 따 A.D.로 표기합니다. 그리고 예수가 태어난 해를 A.D.1년으로 정해 연도를 계산합니다.

그런데 이들 고대 문명의 4대 발상지를 보면 공통점이 있습니다. 모두 지구의 북반구에 자리 잡았고, 큰 강을 끼고 있으며, 살기 적당한 기후에 기름진 땅이 있다는 점입니다.

물론 오늘날 메소포타미아 지역과 이집트는 거의 사막이지만 그 당시 이 지역의 기후나 토양은 사람이 살기 좋을 만큼 따뜻하고 비도 자주 내렸습니다. 또한 인더스 강 유역도 울창한 숲과 푸른 초원으로 이루어져 있었습니다.

이렇듯 문명의 발상지들은 사람이 살기 좋은 기후와 농사짓는 데 필요한 물, 사람과 물건의 이동이 편리한 강을 끼고 탄생했습니다. 그리고 문명은 차츰 주변으로 퍼져 또 다른 새로운

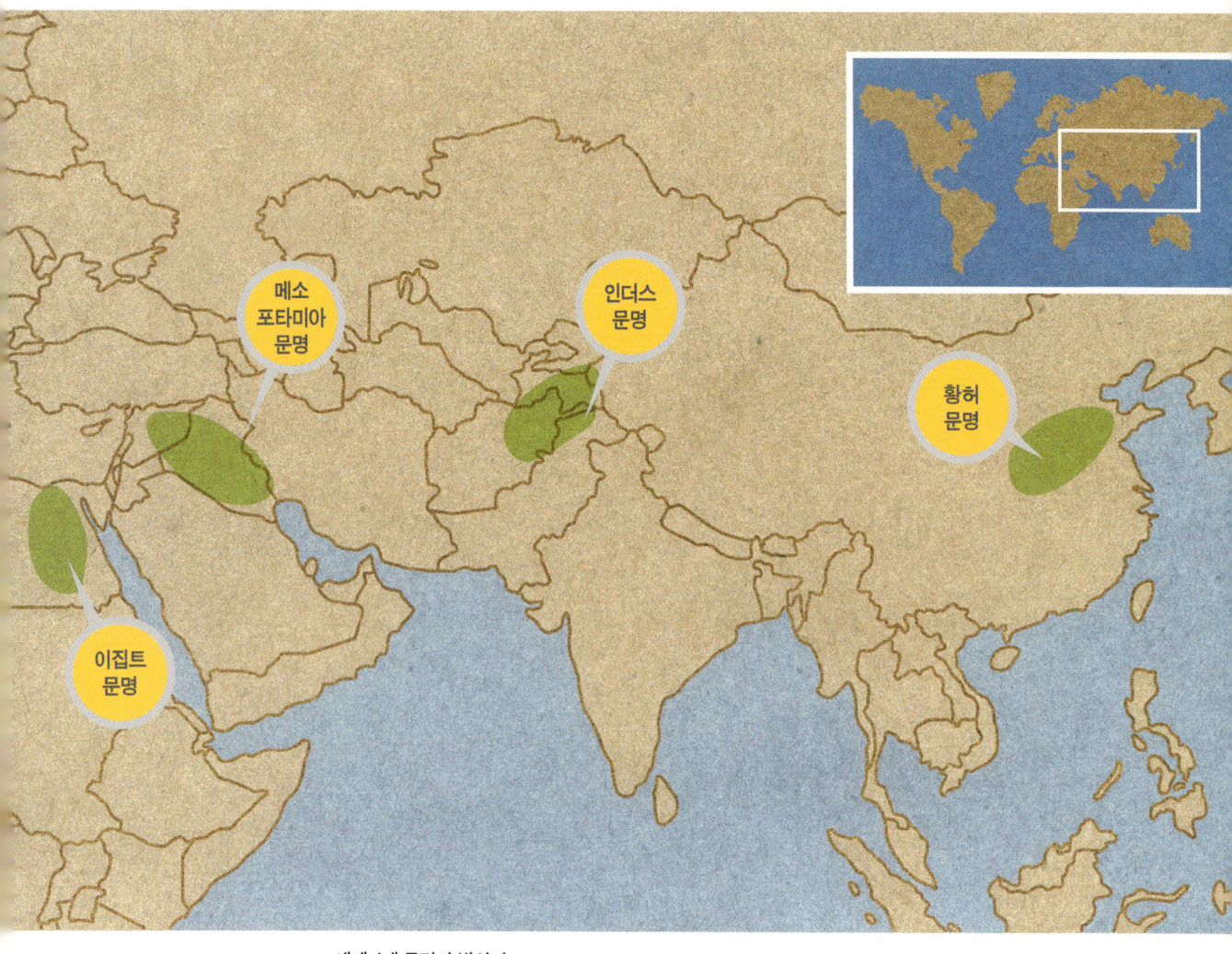

세계 4대 문명의 발상지

문명을 만들어 냅니다. 즉, 메소포타미아 문명과 이집트 문명이 주변 지역으로 퍼져 나가 기원전 1000년경까지는 지중해 여러 나라가 문명 단계에 들어섰으며, 인도 문명은 아시아 전역에 확대되었고, 중국의 황허 문명은 극동 지역인 우리나라와 일본에까지 영향을 끼쳤습니다.

메소포타미아 문명

메소포타미아는 세계에서 가장 먼저 농업이 발달한 곳입니다. 메소포타미아는 그리스어로 '두 강 사이의 땅'이라는 뜻인데 그 두 강은 티그리스 강과 유프라테스 강을 말합니다.

수천 년 동안 서아시아 고원의 고지대에 살고 있던 사람들은 전쟁을 모르고 평화롭게 살아왔습니다. 그러다 인구가 늘어나고 도시가 커지면서 부족 간에 약탈과 전쟁이 일어났습니다. 많은 부족이 이를 피해 평지로 내려왔습니다. 그들은 새로운 땅을 찾아 나섰다가 유프라테스 강과 티그리스 강 사이의 비옥한 들판에 터전을 잡았습니다. 이 지역의 생김새가 마치 초승달 모양을 닮았다고 해서 '비옥한 초승달 지역'이라고도 불립니다. 이곳에는 야생 보리밀과 각종 식물 등이 풍성하게 자라고 있었고, 강에서는 신선한 물고기를 잡을 수 있었습니다. 사람들은 먹을 것을 구하기 쉬운 이곳에서 점차 정착해 살기 시작했습니다. 그리고 본격적으로 농사를 짓기 시작했습니다. 이곳의 토양은 비옥하고 기름져서 농사를 짓는 데 큰 도움이 되었습니

문명과 문화의 차이

문명이란 자연 그대로의 생활에서 인류의 물질적, 기술적 발전으로 인해 형성된 세련된 삶의 양식이나 모습을 말합니다. 그렇다면 자주 혼동되어 사용하는 문화와 문명의 차이는 무엇일까요? 문화는 문명보다 훨씬 넓은 범위를 말합니다. 문화는 인간이 이루어 놓은 모든 것을 말하는데 그중에서 특히 문화는 정신적, 지적인 발전을 주로 뜻하며, 문명은 물질적, 기술적인 발전을 뜻합니다. 문명의 성립 요건으로는 도시의 성립, 문자 사용, 청동기·철기와 같은 금속 제조술, 신전이나 석탑 같은 건축물의 발달 등을 들 수 있습니다.

다. 강 상류의 비옥한 흙이 강물에 쓸려 와 하류에 차곡차곡 쌓이면서 기름진 땅이 만들어졌기 때문입니다. 티그리스 강과 유프라테스 강 또한 해마다 홍수로 넘쳐 나 상류의 흙이 강 하류로 내려와 쌓였습니다.

그런데 메소포타미아 지역의 강물은 불어나서 넘치는 시기가 일정하지도 않았고 넘치는 양도 때마다 달랐기 때문에 농사

중동의 메소포타미아 문명

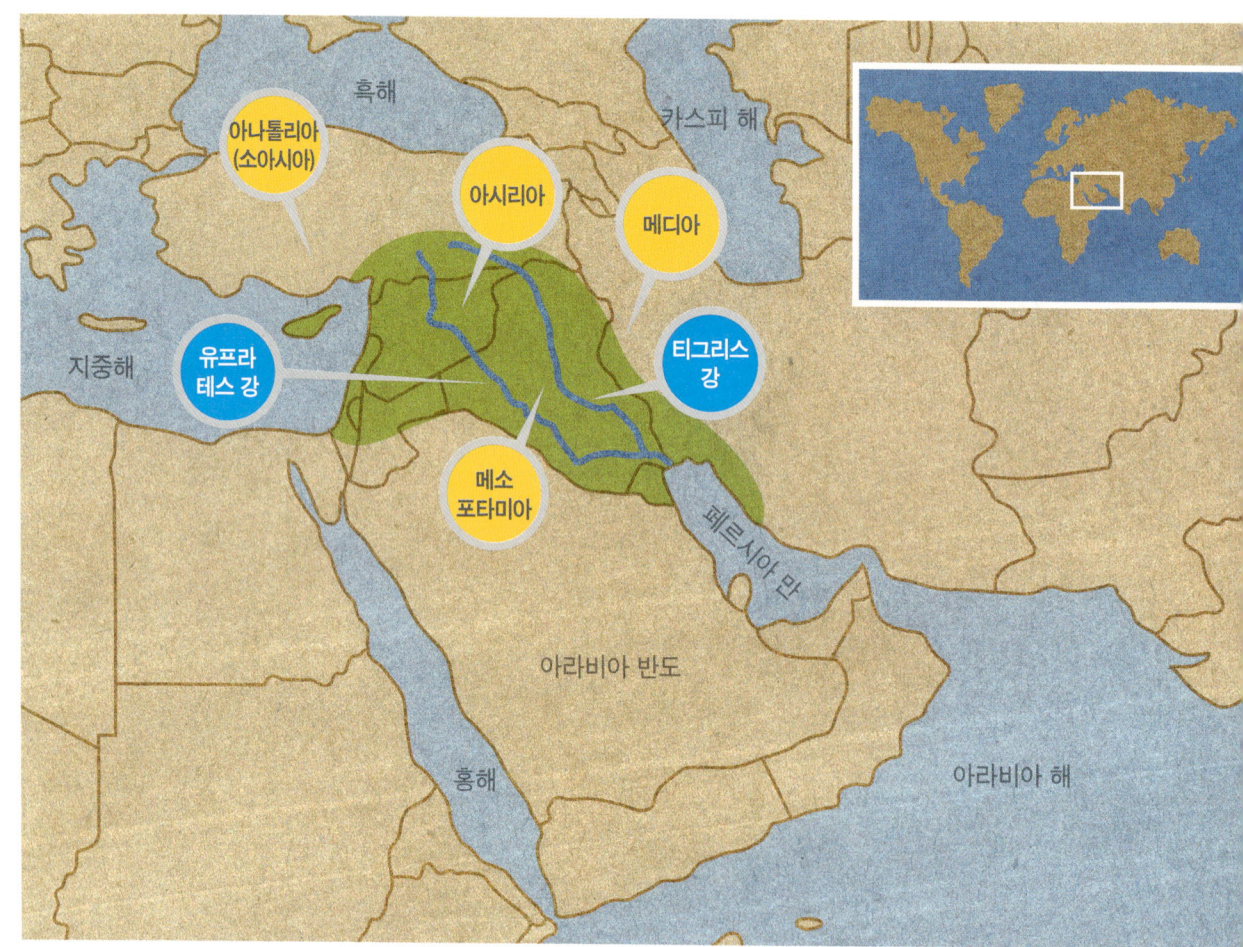

를 짓는 데 어려움이 있었습니다. 농사를 잘 지으려면 강이 넘친 뒤 늪으로 변한 강의 물을 잘 빠지도록 해야 했고, 여름에 가뭄이 들어 메마른 땅에는 강으로부터 물을 끌어오는 시설과 기술이 있어야 했습니다. 이렇게 물을 잘 빼고 끌어들이는 수로와 물을 모아 두는 저수지를 잘 만드는 사람들이 있었습니다. 바로 메소포타미아 남쪽 끝에 사는 수메르인들이었습니다. 이들은 물이 넘쳐흐르면 수로를 통해 물을 빼고, 가뭄이 들면 저수지에서 물을 끌어왔습니다.

　물을 끌어와 농사를 지을 수 있게 되자 한곳에 오래 머무는 데 필요한 집을 짓기 시작했습니다. 또 농부들은 흩어져 사는 것보다 모여서 사는 것이 물이나 농사일을 돌보는 것에 유리하다는 것도 알게 되었습니다. 그래서 마을이 생겨났고, 양이나 염소 같은 동물들도 기르기 시작했습니다. 곡식을 재배하고 양이나 염소를 키우는 데 성공한 마을이 생겨나면서 그들은 곡식이나 양털, 혹은 동물 가죽과 금속이나 그릇을 물물교환 하였고 점점 더 잘살게 되었습니다. 다른 마을에

고대 오리엔트 문명

기원전 3200년경부터 알렉산드로스(알렉산더) 왕이 통일할 때까지 약 3000년간 오리엔트 지방에 번영했던 이집트, 메소포타미아, 페르시아, 인도의 고대 문명 발상지를 통틀어 이르는 말입니다. '오리엔트'라는 말은 로마인이 태양이 솟아오르는 동방을 '오리엔스(Oriens)'라고 부른 데서 유래하며, 이집트와 서아시아 일대를 총칭합니다. 이 지방의 중심지는 티그리스·유프라테스 강의 유역인 메소포타미아와 나일 강 유역인 이집트로, 두 지방 모두 기원전 3000년 전후에 국가가 성립되고 문명이 시작되었습니다. 그러나 문명의 중심이 지중해 연안으로 옮겨 감에 따라 고대 오리엔트 문명은 사람들의 기억 속에서 사라져 갔습니다.

비해 잘살게 되자 도둑이나 강도를 당하게 될까 봐 마을 주변에 벽을 쌓게 되었습니다. 이것이 도시의 탄생 과정입니다.

메소포타미아 문명을 이끈 수메르인

기원전 3500년경 수메르인들은 에리두라는 도시 국가를 건설했습니다. 그리고 얼마 지나지 않아 에리두와 함께 메소포타미아 지역에는 키시, 우르크, 라가시, 우르 등의 여러 도시 국가들이 세워졌습니다. 그 도시 국가들은 각각 독립되어 있었으며 주민은 주로 도시 주변의 토지에서 농사를 짓던 농민이 대부분이었으나 목수·도자기공·대장장이 같은 장인들도 있었습니다. 도시를 다스리는 사람들은 신전에 머물며 제사를 지내는 사제(제사장) 계급이었습니다. 백성을 다스리는 지도자가 곧 종교 지도자이기도 했는데, 이를 제정 일치라 합니다. 당시에는 화폐는 쓰이지 않았고, 농민과 장인 사이에 물물교환이 이루어졌습니다.

수메르인들은 점토를 빚어 햇볕에 말려 만든 벽

메소포타미아 미술을 대표하는 조각
사람 얼굴에 동물의 몸을 한 조각은 성 입구, 궁전 입구에 세워 놓은 일종의 수호신입니다. 큰 눈, 구불구불한 머리카락, 돌돌 말린 수염과 장식품 등 섬세함과 강인함을 함께 표현한 메소포타미아 미술의 특징을 볼 수 있습니다.

돌로 집을 짓고 살았습니다. 메소포타미아 지역에는 집을 지을 수 있는 돌이 아주 드물었습니다. 그래서 흑벽돌로 신전과 건물을 지었으며, 물을 끌어오기 위한 커다란 수로도 만들었습니다. 또한 점토판에 글자도 써 넣었습니다. 특히 수메르인들이 남긴 문자는 오늘날의 문자와도 맞닿아 있습니다. 이들이 처음 사용한 문자의 형태는 사물의 모양을 본떠 만든 그림 문자인 상형 문자였습니다. 그런데 상형 문자는 쓰려면 시간이 많이 걸리는 데다 모든 내용을 다 옮겨 적을 수도 없었습니다. 예를 들어, 행동을 나타내는 '밥을 먹는다'는 뜻의 글자는 비슷한 모양을 본떠 표현할 수 있었지만 '믿는다' 같은 말들은 그 뜻을 문자로 나타내기가 어려웠던 것입니다.

우르의 지구라트
고대 문명이 일어난 지역에는 대부분 도시 한가운데 신에게 제사를 지내는 신전이 자리를 잡고 있습니다. 메소포타미아 도시들도 역시 '지구라트'라 부르는 신전을 두었습니다. 오늘날 메소포타미아 지역 여러 곳에서 발견되는 지구라트는 벽돌을 쌓아 올려 만든 것입니다.

고대 사회, 인류 문명의 발생

수메르인이 남긴 것

수메르 사람들은 1년을 열두 달, 1주일을 7일로 정한 최초의 사람들입니다. 게다가 1분을 60초, 1시간을 60분으로, 원을 360도로 나눈 사람들도 수메르인들입니다. 이렇듯 60까지 센 뒤 한 단위씩 올려 표현하는 방법을 60진법이라고 합니다.

또한 세계에서 가장 먼저 바퀴를 사용한 것도 수메르인들입니다. 바퀴는 처음에 통나무를 둥글게 잘라 사용하다가 이후에는 납작한 나무판을 잘라 바퀴를 만든 뒤 가죽이나 금속으로 테두리를 씌웠습니다. 그 후에는 판자에 구멍을 뚫어 사용하다 기원전 2000년경 지금의 바퀴살 모양과 비슷한 바퀴가 만들어졌습니다.

바퀴의 발전은 곧 교통의 발전을 의미하며 이로 인해 메소포타미아의 앞선 문명이 다른 세계로 전달될 수 있었습니다.

그래서 쐐기 모양으로 기호를 정해 표현하는 '쐐기 문자'를 사용하게 되었습니다. 수메르 사람들은 이 쐐기 문자를 이용해 그들이 살던 시대의 많은 전설과 영웅들의 이야기를 점토판 위에 적은 다음 불에 구워 영원히 남겨 두고자 했습니다. 그 후 페니키아인들이 이 쐐기 문자를 더욱 간단하게 만들었는데 이것이 바로 오늘날 사용되는 알파벳의 시작이 되었습니다.

문명이 발생하기 위해서는 사람들과 다양한 도구들, 풍부한 물자뿐만 아니라 사람들의 생각과 행동을 기록하고 이를 다른 사람들에게도 전달할 수 있는 문자가 반드시 필요합니다. 이러한 문자 덕분에 사람들은 자기들이 사는 모습과 여러 지식들을 전달하여 문명을 이룰 수 있는 것입니다. 문명은 단순히 사람과 물자가 많았다는 것뿐만 아니라, 지식의 양이 얼마나 방대한가를 가지고 판단하기도 합니다.

수메르의 비옥한 들판에서는 어마어마한 양의 곡물이 생산되었고 남는 곡물들은 수메르에서 나지 않는 것들과 교환되었습니다. 수메르는 점점 더 번성해 갔습니다. 그러자 수메르는 이방인들의 관심을 끌었고 많은 이방인들이 수메르로 몰려들기 시작했습니다. 도시는 점점 커져 갔고 신전은 더욱 화려하고 높아졌습니다. 수메르를 다스리던 제사장들은 각종 기록을 남기기 위해 서기를 양성하는 학교를 세계 최초로 세우기도 했습니다.

도시가 성장하자 크고 작은 문제들이 발생했습니다. 처음의 도시 국가들은 왕 없이 제사장들이 문제를 해결했지만, 큰 문제가 발생하면 선거를 통해 '큰 사람'을 지도자로 뽑아 해결하게 했습니다. 문제가 해결되면 '큰 사람'은 자리를 내놓아야 했습니다. 그런데 문제를 해결하고도 그 자리를 내놓고 싶지 않아 하는 사람이 생겨났습니다. 그가 바로 키시 왕입니다. 그리고 그가 죽자 아들이 왕위를 물려받았습니다. 수메르에는 이렇게 해서 도시마다 왕이 생겨났습니다. 우르크의 왕 길가메시는 수메르 지역의 가장 유명한 왕이었는데 왕의 권위를 세우기 위해 그의 모험담으로 신화를 만들어 내기도 했고, 다른 도시들과 약탈 전쟁을 벌이기도 했습

진법

진법이란 수를 세는 방법을 말합니다. 일반적으로 우리가 쓰는 진법은 10진법입니다. 10진법이라는 말은 열까지 세고 다음 수를 세는 단위가 올라간다는 뜻입니다. 즉, 10진법에서는 1부터 9까지 세면 다시 1과 0이 나오는 10이 되어 수를 세는 단위가 올라갑니다. 마찬가지로 60진법은 60까지 세면 하나의 단위가 올라갑니다. 그래서 60분이 1시간이라는 단위로 바뀌게 되는 것입니다. 복잡한 계산을 다루는 컴퓨터의 경우 0과 1만 사용하는 2진법을 사용합니다.

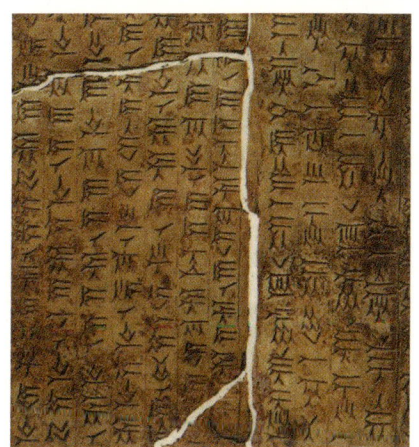

쐐기 문자
뾰족한 금속 끝으로 흙을 파내듯이 쓴 문자입니다.

「길가메시 서사시」
기원전 2000년경 수메르인이 쓴 세상에서 가장 오래된 문학 작품인 「길가메시 서사시」는 우르크의 왕 길가메시가 겪은 전설적인 모험담을 다루고 있습니다. 총 열두 개의 점토판에 기록되어 있으며 현재 일부가 남아 있습니다.

니다. 길가메시 왕의 업적을 찬양하는 「길가메시 서사시」는 인류 역사 가운데 가장 오래된 서사시로 알려져 있습니다.

이러한 기록들을 통해 살펴본 고대의 여러 도시 국가들은 사이가 서로 좋지만은 않았습니다. 도시 국가들은 서로 분리되어 싸우고 자신의 도시 국가를 지키기 위해 온 힘을 기울여야 했습니다.

이때 모든 도시 국가들을 점령하고 싶어 한 사람이 있었습니다. 그가 바로 사르곤이었습니다. 수메르 북서부에서 가나안 지방까지 이어진 곳에 셈이라는 종족이 살고 있었습니다. 일찍부터 셈족은 수메르에 정착하여 수메르인들과 자유롭게 살고 있었습니다. 사르곤은 왕을 몰아내고 스스로 왕이 되었습니다. 그리고 그는 자신이 살고 있는 도시의 왕이 아닌 메소포타미아 전체의 왕이 되고 싶었습니다. 그는 북쪽으로 진격하여 여러 도시를 점령하고 세력을 더 키운 뒤 수메르를 공격했습니다. 수메르 연합군은 사르곤에게 맞섰지만 역부족이었습니다. 결국 사르곤은 주변 도시들과 50여 차례의 전쟁을 치른 뒤 마침내 티그리스 강과 유프라테스 강 사이의 모든 도시들을 점령해 아카드 제국을 건설했습니다. 그는 54년 동안 수메르를 다스렸습니다. 수메르인이 아닌 사람이 수메르를 다스린 것은 7세기만에 처음 일어난 사건이었습니다. 그러나 비록 힘에 의해 정복당하긴 했지만 많은 도시 국가들은 아카드 제국의 일부가 되는 것을 좋아하지 않았습니다. 아카드 제국은 군대를 파견해 도시 국가들을 통치했지만 그리 오래가지는 못했습니다.

메소포타미아 지역의 도시 국가들은 서로 자주 싸웠습니다. 강력한 인물이 나타나 제국을 세우면 또 다른 강력한 인물에 의해 무너지고 또 다른 강력한 지도자에 의해 다시 점령되는 일이 반복되었던 것입니다.

셈족

셈족은 아리아족의 침입을 받기 전까지 수메르인을 정복해 메소포타미아 문명을 일으킨 사람들로 아카드 제국, 바빌로니아 왕국을 세워 메소포타미아 지방을 지배합니다. 고대 셈족에 속하는 종족은 아카드족, 아모리족, 아람족, 아랍족, 히브리족, 페니키아족 등이 있습니다.

세계 최초로 성문법을 만든 바빌로니아

메소포타미아의 많은 도시 국가들 중 가장 강력하게 떠오르는 왕국이 있었는데 바로 바빌로니아였습니다. 바빌로니아는 처음에는 그 힘이 미약했으나 수메르와 아카드 제국의 문명을 받아들여 점점 강력해졌습니다.

메소포타미아에 있는 작은 땅을 통치하고 있던 바빌론의 왕 함무라비는 주변의 작은 도시들을 정복하기 시작했습니다. 그리고 곧 메소포타미아의 남쪽 지역 전체를 지배하게 되었고, 나라의 이름을 바빌로니아라고 불렀습니다. 수도인 바빌론은 메소포타미아 지역의 남쪽과 북쪽을 잇는 무역의 중심지였습니

바빌로니아 세계 지도
점토판 위에 세계 지도를 그리고 쐐기 문자로 설명을 해 두었습니다. 점토판에서 보이는 바깥의 둥근 원은 세계를 흐르고 있는 큰 바다입니다. 그리고 원의 가운데 있는 점을 바빌론이라고 기록해 두었습니다. 바빌로니아 사람들은 자신들이 세계의 중심에 있다고 생각한 것입니다.

다. 바빌론은 장사를 하려고 세계 곳곳에서 찾아든 외국인들로 북적거렸고 바빌로니아 왕국은 점점 부강해졌습니다.

그런데 함무라비 왕은 아카드 제국처럼 힘과 군대로 왕국을 다스리고 싶지는 않았습니다. 모두가 인정할 수 있는 규칙을 정해 그것을 따르게 하고자 했습니다. 그것이 바로 법입니다. 그래서 그는 모든 사람들이 따를 수 있는 법전을 만들었는데 그것이 바로 함무라비 법전입니다. 이 법전은 인류에게 알려진 최초의 성문법입니다. 성문법이라는 말은 '글로 쓰인 법'이라는 뜻입니다. 법이 글로 써져 있으면 누구나 보면서 해야 할 것과 하지 말아야 할 것을 알 수 있습니다. 또한 법을 어겼는지 아닌지를 쓰인 법과 비교해 보면 되기 때문에 재판관 마음대로 심판하는 것이 아닌 공정한 심판의 기본으로 삼을 수 있습니다.

함무라비 왕은 주변의 도시들을 모두 정복했을 뿐 아니라 지중해 근처에 있는 시리아까지 영토를 넓혔습니다. 하지만 안타깝게도 함무라비 왕이 사망하자 바빌로니아 왕국은 점차 쇠퇴해 히타이트의 지배를 받게 됩니다.

함무라비 법전

바빌로니아인들이 인류에게 남긴 가장 큰 재산은 기원전 1750년경 함무라비 왕 때 만들어진 '함무라비 법전'입니다.

함무라비 법전은 약 2.25미터 높이의 딱딱한 돌기둥에 쐐기 문자로 새겨져 있습니다. 그래서 이 법전은 거의 4000년이 지난 오늘날까지도 처음 모습 그대로 남아 있습니다.

물론 수메르인이나 아카드인들에게 법률이 없었던 것은 아닙니다. 함무라비 왕은 그 모든 법률을 모으고 다듬어 최초로 글자로 정리한 법전을 펴냈습니다. 이 법전에 의하면 그 무렵의 사회는 세 계급으로 이루어졌음을 보여 줍니다.

첫 번째 계급은 지배 계급으로 제사를 지내는 사제와 귀족들이고, 두 번째 계급은 장사를 하거나 농사를 짓는 보통 백성들이며, 제일 낮은 계급은 노예였습니다. 함무라비 법전은 계급에 맞게 세 가지 형태로 법률의 각 항목을 만들고 계급마다 다르게 적용했습니다. 다만 같은 계급의 사람들은 서로 법

바벨탑의 전설

성경에 나오는 바벨탑은 바빌론에 있었던 지구라트를 가리키는 것입니다. 하지만 오늘날 사람들이 되살린 모습을 보면 우르의 지구라트와 많이 다릅니다.

성경에 따르면 바벨탑을 쌓은 사람들은 대홍수 이후 살아남은 노아의 후손들이라고 알려져 있습니다. 이들은 세상에서 가장 크고 높은 탑을 만들어 홍수와 같은 신의 심판을 받지 않으려고 했습니다. 이에 노한 신이 벌을 내렸는데 그 벌은 바로 사람들이 서로 다른 언어를 사용하게 한 것입니다. 그 결과 사람들은 서로의 말을 알아들을 수 없어 탑을 완성하지 못했고 그것이 오늘날 사람들이 서로 다른 언어를 쓰게 된 유래가 되었다고 전해집니다.

앞에 평등했습니다.

고대 사회에서 죄를 다스리는 형벌을 살펴보면, 대개 신분에 따라 벌의 정도가 다릅니다. 함무라비 법전에도 이러한 신분 차이에 따른 법률 항목이 잘 나타나 있습니다.

높은 신분인 귀족 계급 안에서는 처벌이 몹시 잔인합니다. 만일 어떤 귀족이 다른 귀족의 눈을 멀게 하였다면, 그 귀족도 눈을 멀게 하는 벌을 주었습니다. 여기서 '눈에는 눈, 이에는 이'라는 말이 생겨나게 되었습니다. 하지만 이 말의 뜻은 손해를 입은 만큼 되돌려 주라는 것이 아니라, 손해 받은 것 이상으로 상대방을 다치게 하지 말라는 뜻입니다. 즉, 너무 심한 보복을 막기 위한 법이었습니다.

함무라비 법전
함무라비 법전의 내용이 적혀 있는 비석입니다.

그러나 귀족이 다른 계급에게 해를 입혔을 경우에는 그 벌이 훨씬 가벼웠습니다. 만약 귀족이 평민의 눈을 멀게 하거나 뼈를 부러뜨렸을 때는 은 1마니를 벌금으로 내면 되었고, 만약 귀족이 노예의 눈을 멀게 하거나 뼈를 부러뜨렸을 때는 은 2분의 1마니를 벌금으로 내면 그만이었습니다. 이와 같이 신분에 따라 처벌의 정도가 달랐습니다. 같은 죄를 저질렀더라도, 죄를 지은 사람의 신분이 낮을수록 형벌은 더욱 무겁게 내려졌습니다.

또한 고대 사회는 지금과 같은 남녀평등이 이루어진 사회가 아니었습니다. 여성과 노예는 자유로운 사람으로 취급받지 못했습니다. 하지만 함무라비 법전에는 여자도 재산을 가질 수 있으며 노예라도 돈이 있으면 자유를 살 수 있다고 적혀 있습니다. 이처럼 함무라비 법전은 지금 기준으로 보면 다소 불평등한 점이 있지만 그 당시 고대 사회에서는 상당히 앞선 법률이라고 할 수 있습니다.

히타이트족

오늘날 터키에 해당하는 소아시아(아나톨리아) 지역은 비옥한 땅과 울창한 삼림 등 여러 지리적 이점으로 인해 곳곳에서 문명이 시작되었습니다. 히타이트족은 인도·유럽 어족에 속하며 이 지역 최초로 통일된 나라의 모습을 갖춘 부족입니다. 히타이트는 주변의 다양한 문명을 빠르게 받아들여 성장했고 특히 철기를 사용함으로써 강력한 힘을 가지게 되었습니다. 히타이트는 국력이 강해지자 정복 활동을 벌여 기원전 16세기 말에는 바빌로니아를 차지하기도 했습니다. 기원전 1308년에는 시리아 전 지역을 놓

인도·유럽 어족이란?

역사 시대 이후 인도에서 유럽에 걸친 지역에 널리 퍼져 있던 언어를 통틀어 말하며, 인도와 유럽에서 사용되고 있는 언어는 대부분 인도·유럽 어족에 속합니다. 유럽에서 인도·유럽 어족에 속하지 않는 언어로는 헝가리어, 핀란드어, 우랄·알타이 어족, 바스크 어족, 셈 어족 등이 있습니다.
18세기 영국의 존스에 의하면 인도·유럽 어족의 언어들은 6000년여 전에 단 하나의 부족이 쓰던 말에서 유래했으며, 이 언어가 여러 지역으로 갈라지기 시작해 총 400여 개의 언어로 나뉘었다고 합니다. 오늘날 이 어족에 속하는 언어를 사용하는 사람의 수는 약 25억 명이나 됩니다.

아리아인

아리아인은 인도와 이란에 거주하며 인도·유럽계의 언어를 쓰고 있는 사람들을 부르는 말입니다. 아리아라는 것은 산스크리트 어 '아리야'에서 유래한 것으로 '고귀한'이란 뜻이며, 그들이 스스로를 높여 부르는 말이라고 합니다. 중앙아시아 방면에서 유목 생활을 하고 있었으나, 기원전 2000년경 남쪽과 서쪽으로 이동하여 어떤 무리는 인도에 들어가고(인도·아리아인), 어떤 무리는 이란 고원에 정착(이란인)했다고 합니다.

고 이집트의 람세스 2세와 한판 승부를 벌였습니다. 이 전쟁은 철기를 사용하는 히타이트와 청동기를 사용하는 이집트의 싸움이었습니다. 승리는 히타이트 차지였습니다. 전쟁 이후 히타이트 제국은 세력이 더욱 강해져 중동 지역 최강의 세력이 되었습니다. 그러나 기원전 1200년경 새로운 철기 민족의 침입으로 히타이트 제국은 서서히 붕괴하기 시작했고, 결국 아시리아에 의해 완전히 멸망하였습니다. 히타이트 문화의 특징은 여러 문명을 종합한 것이며 그들은 역사적 사건을 비롯해 종교적, 신화적 사건들을 문학 작품으로 만들어 점토판에 기록했습니다. 전쟁은 이처럼 파괴와 고통을 불러오지만, 여러 문화와 사람들이 섞이게 되는 계기를 마련하기도 합니다.

서아시아의 통일 제국, 아시리아

메소포타미아 남쪽 지역의 가장 강력한 왕이 함무라비였다면 메소포타미아 북쪽 지역의 강력한 왕은 샴시아드였습니다. 그는 함무라비처럼 법을 만드는 것 따위에는 관심이 없었습니다. 오직 강력한 제국을 건설하여 세상의 지배자가 되기만을 바랐습니다. 샴시아드는 아수르의 왕이 되자 즉시 군대를 모아 메소포타미아 도시들을 정복하기 시작했습니다. 곧 아수르 군대는 주변의 모든 도시들을 정복하게 되었습니다. 샴시아드는 잔인하기로 소문이 나 있었습니다. 그는 도시를 정복하고 나면 그곳 관리들의 목을 베어 머리를 막대에 꽂아 세워 두었으며, 건물들은 불태우고 도시들을 파괴했습니다. 그러자 메소포타미아 사람들은 점점 그를 두려워하게 되었고 심지어 샴시아드가 도시 가까이 오면 스스로 항복을 해 버렸습니다.

이제 메소포타미아 북쪽 전체가 샴시아드의 제국이 되었고 그는 제국의 이름을 아수르의 이름을 따서 아시리아라고 불렀습니다. 하지만 바빌로니아를 공격하지는 않았습니다. 바빌로니아는 그가 대적하기에는 너무 강했기 때문입니다.

샴시아드가 죽자 아시리아는 그의 아들들이 통치하게 되었는데 서로 싸움만 했고 결국 함무라비에 의해 아시리아는 점령당하고 말았습니다. 함무라비는 아시리아 관리들을 살려 주었고 법전을 따르

아시리아 제국의 힘을 상징하는 라마스
니오베 유적지에서 발굴된 조각상입니다. 사람의 머리 모양을 하고 거대한 독수리의 날개가 달린 황소의 몸을 하고 있습니다. 머리에 쓴 관은 신과 왕권을 상징한다고 합니다.

사냥하는 아시리아의 왕
센나케리브의 궁으로 추정되는 유적지에서 발굴된 조각 중 사자 사냥에 나선 왕의 모습입니다. 이 밖에도 타민족을 정복하러 나서는 왕의 행렬, 포위된 도시들, 용맹한 아시리아 군대 모습을 새긴 조각품이 있습니다.

기만 한다면 도시를 그대로 관리하도록 허락했습니다. 결국 아시리아 사람들은 함무라비에게 복종하기로 했지만 진심은 아니었습니다. 아시리아를 되찾을 기회만을 엿보고 있었습니다. 그러다 그들은 결국 반란을 일으켰습니다.

반란을 일으킨 사람들은 바빌론을 가로지르는 깊은 수로를 파서 도시 전체를 물에 잠기게 해 버렸습니다. 그리고 그들은 다시 메소포타미아의 모든 도시들을 점령해 나가기 시작했습니다. 철제 무기로 무장한 아시리아인들은 니네베를 수도로 정하고 메소포타미아 지역뿐 아니라 시리아, 유다 왕국, 페니키아와 이집트까지 정복해 거대한 새로운 아시리아 제국을 건설했습니다.

전성기인 아슈르바니팔 왕 때에는 넓은 영토를 각각의 주로 나누어 각 주에 총독을 두었고 도로를 정비하여 강력한 중앙 집권을 꾀하였습니다. 이처럼 강력한 제국을 건설한 아시리아 왕은 니베네에서 호화롭게 살았습니다. 아름다운 궁전을 지었고 궁전으로 들어가는 길 양옆에는 자신의 힘을 과시하기 위해 거대한 조각상을 세웠습니다.

아시리아에는 큰 업적을 남긴 두 왕이 있는데 한 왕은 니네베를 가장 화려하게 건축한 센나케리브 왕이며 또 한 명의 왕은 세계 최초의 도서관을 세운 아슈르바니팔 왕입니다. 아슈르바니팔 왕은 책 읽기를 좋아했는데 그는 자신의 업적과 과거의 기록을 보관하기 위해 거대한 도서관을 세웠습니다. 그 당시의 책은 종이에 쓴 글을 묶은 것이 아니라 진흙판에 새긴 것이었습니다. 아시리아에서 기록하는 일을 맡았던 관리인 서기들은 조상으로부터 입에서 입으로 전해 내려오던 이야기들을 영원히 간직할 수 있도록 진흙판에 기록하였습니다. 뿐만 아니라 역사, 과학, 외학과 법률에 이르기까지 수많은 진흙판 책들을 정리했습니다. 아슈르바니팔 왕은 이 책들을 보관할 수많은 방을 만들었는데 이것이 바로 세계 최초의 도서관인 니네베 도서관입니다.

아시리아 미술의 특징을 보여 주는 아시리아 조각

아시리아 조각의 특징은 사진처럼 배경을 파내 그림을 도드라지게 나타내는 겁니다. 인물을 주로 측면으로 하여 깊이 팬 눈, 말린 머리카락과 구레나룻, 장식품으로 표현하는 아시리아 특유의 조각은 벽에서 튀어나올 듯이 생생함을 느끼게 합니다.

그러나 정복한 식민지를 너무 가혹하게 다루어서 식민지 사람들의 원성이 자자했습니다. 정복한 나라의 국민들을 노예로 삼고, 국민들에게 무거운 세금을 매겨 강력하게 지배를 했기 때문에 여러 민족들이 반란을 일으켰습니다. 결국 아시리아는 신바빌로니아 왕국과 메디아 왕국의 연합 공격을 받아 멸망하고 말았습니다. 거대한 제국을 세운 지 겨우 60년 만의 일입니다. 이 과정에서 니네베 궁전도, 도서관의 귀중한 책들도 대부분 파괴되고 일부만 오늘날까지 전해지고 있습니다.

결국 메소포타미아 문명은 수메르인과 아카드인이 시작했고, 바빌로니아인이 발전시켰으며, 그것을 아시리아인이 계승했습니다. 아시리아인이 남긴 문화 유산은 후대에 계승되어 페르시아 문명의 한 요소가 되었습니다.

거대한 도시, 신바빌로니아

기원전 612년, 아시리아의 수도 니네베를 파괴한 나보폴라사르 왕이 신바빌로니아 왕국의 첫 번째 왕입니다. 셈계(系)의 유목민으로 바빌로니아 남부에 거주하고 있던 칼데아인은 차차 세력을 키워 바빌론을 수도로 정했습니다. 그리고 그 후 메디아 왕국과 연합하여 아시리아를 멸망시키고 신바빌로니아(칼데아 제국)를 건설하였습니다. 나보폴라사르 왕은 함무라비 왕이 세운 바빌로니아 문화를 받아들이고 계승한다고 선언하였기 때문에 나라 이름을 신바빌로니아 왕국이라고 하였습니다.

그 또한 거대한 제국을 건설하고자 했기에 신바빌로니아는 영토 확장에 박차를 가했습니다. 신바빌로니아는 기원전 605년에 이집트와 싸워 승리를 거두었으며, 아시리아가 지배하던 시리아와 팔레스타인도 정복했습니다. 또 나보폴라사르의 아들 네부카드네자르 2세 때에는 유다 왕국을 공격해서 예루살렘을 함락시켰습니다. 이때 수많은 유대인들이 신바빌로니아로 끌려가 노예 생활을 해야 했는데 이를 바빌론 유수라고 합니다.

메디아 왕국

메디아족은 아리아인의 한 갈래로 이란의 고원 북서부를 중심으로 활약한 유목 민족입니다. 그들은 기원전 1000년경 '비옥한 초승달' 지역의 동쪽, 즉 오늘날 이란 지방에 이르러 정착하면서 메소포타미아 문명을 받아들여 빠르게 발전했습니다.

기원전 7세기에는 메디아족이 아시리아로부터 독립해 메디아 왕국을 세웁니다. 메디아 왕국은 이란인들이 세운 최초의 왕국입니다. 이후 메디아는 이란 대부분의 땅을 차지하였고 신바빌로니아와 동맹 관계를 맺어 아시리아 제국을 정복해서 결국 메디아 왕국은 메소포타미아 북부 지역을 차지하게 됩니다. 하지만 기원전 550년, 4년간의 치열한 전투 끝에 페르시아 왕국에 의해 멸망하고 맙니다.

그 후 유대인들은 2000년이 넘게 떠돌며 살아가야 했습니다.

신바빌로니아를 본격적으로 부흥시킨 네부카드네자르 왕 덕에 바빌론은 이 무렵 역사상 가장 전설적인 대도시가 되었습니다. 바빌론은 성벽만 해도 사람 키의 50배가 넘는 높이였고, 성벽 꼭대기는 전차를 타고 달릴 수 있을 만큼 넓었으며 성벽에는 청동문이 백 개나 달려 있었습니다. 하지만 아무도 쳐들어오지 못하게 거대한 성을 쌓은 바빌론은 점점 사치와 향락에 빠져들었습니다.

네부카드네자르 왕이 너무도 사랑하는 여인이 있었는데 그녀는 니네베를 정복하는 데 도움을 준 메디아 출신의 아미티스였습니다.

네부카드네자르 왕은 자신과 결혼한 왕비 아미티스가 고향을 그리워하자 이를 달래기 위해 인공 언덕을 만들어 주었는데, 그것이 바로 '바빌론의 공중 정원'입니다. 고대 세계의 7대 불가사의 중 하나인 공중 정원은 피라미드 형식으로 쌓아져 있어 외부에서 보면 정원이 마치 공중에 떠 있는 것처럼 보였습니다. 이 정원의 나무들은 유프라테스 강물을 끌어와 키웠다고 합니다. 낮은

이쉬타르 성문을 장식한 짙은 청색의 벽돌과 조각
이쉬타르 성은 바빌론에 남아 있는 신바빌로니아 유적입니다. 이쉬타르 성의 성문과 성벽, 궁으로 향하는 큰길 양쪽 벽은 색을 입히고 유약을 발라 구운 벽돌과 사자, 소, 용, 군사를 표현한 조각으로 장식되었습니다.

지역의 강물을 그 높은 곳까지 끌어올려 작은 산처럼 보일 만큼 무성하게 나무를 키웠다고 하니 그 기술이 놀랍습니다. 바빌론은 사라졌지만 바빌론의 궁전과 기록물에 그 흔적이 남아 공중 정원은 세계 7대 불가사의 중 하나로 꼽힙니다.

거대하고 강력하던 신바빌로니아도 영원하지는 못했습니다. 결국 기원전 539년, 페르시아에게 정복당하고 맙니다.

바빌론의 공중 정원
네부카드네자르 왕이 아내를 위해 만들었다고 전해지는 공중 정원의 모습입니다.

자비로운 페르시아

거대한 도시를 건설하며 영원할 것 같던 신바빌로니아는 페르시아의 키루스 왕에 의해 멸망했습니다. 페르시아인(아리아인)은 양을 치며 살던 부족으로 메디아의 왕에게 복종하며 살았습니다. 그러다 힘을 모아 메디아를 점령하고 나라의 이름을 페르시아로 바꾼 다음 본격적으로 제국의 길을 걷기 시작했습니다.

메디아를 점령하고 페르시아를 세운 왕이 바로 키루스 왕입니다. 그는 메디아를 점령했지만 메디아 백성을 고향에 그대로 살게 해 주었고 메디아 귀족들에게 권력을 나누어 주기도 했습니다. 그 덕에 메디아는 더 이상 키루스의 통치에 반항하지 않았습니다.

키루스는 더 큰 제국을 건설하기 위해 소아시아를 점령하고 싶었는데 그 당시 소아시아는 세계에서 가장 부유했던 왕 크로이수스가 지배하고 있었습니다. 크로이수스는 리디아의 왕이었는데, 그는 누구보다 많은 금을 가지고 있었습니다. 리디아 곳곳의 금광은 대부분 크로이수스의 것이었습니다. 키투스는 리디아를 점령하면 엄청난 부자가 될 거라고 생각해 그곳을 정복해

고대 세계의 7대 불가사의

지금 봐도 놀라울 정도의 규모와 뛰어난 건축술로 만든 것을 '고대 세계의 7대 불가사의'라고 합니다. 본래 세계 7대 불사가의란 기원전 2세기 무렵 그리스 시인 안티파트로스가 자신이 쓴 시에 그 당시의 놀랄만한 건축물을 이야기 하며 나온 말입니다. 고대 세계의 7대 불가사의로는 이집트 기자에 있는 쿠푸 왕의 피라미드, 메소포타미아 바빌론의 공중 정원, 올림피아의 제우스 상, 에페소스의 아르테미스 신전, 할리카르나소스의 마우솔로스 영묘, 로도스 섬의 거상, 알렉산드리아에 있는 파로스 등대 등을 꼽습니다.

버렸습니다. 그리고 다시 동쪽으로 전진해 소아시아와 인도 사이의 땅을 모두 지배하게 되었습니다. 이제 페르시아에게는 가장 큰 적 신바빌로니아만 남아 있었습니다. 신바빌로니아는 페르시아 군대보다 막강할 뿐 아니라 티그리스 강과 유프라테스 강의 비옥한 땅을 모두 지배하고 있었습니다. 게다가 그 누구도 신바빌로니아의 거대한 성벽을 넘을 수는 없었습니다.

하지만 키루스는 지혜로웠습니다. 수도 바빌론은 유프라테스 강이 성벽 밑으로 흘러 도시 한복판을 가로지르고 있었는데 키루스는 댐을 만들어 강물을 다른 쪽으로 빼고, 물이 빠진 강바닥을 따라 도시 안으로 들어갔습니다. 또한 지나친 세금을 거둬 자신의 사치스런 생활을 이어가던 왕을 싫어했던 신바빌로니아 사람들은 키루스가 어질고 공정한 왕이라는 소문을 듣고 성문을 활짝 열어 주었습니다. 이렇게 페르시아는 신바빌로니아를 점령하게 됩니다. 그리고는 바빌로니아에 끌려왔던 유대인들을 자신의 고향으로 돌아가도록 해주었을 뿐 아니라 유대 민족의 유일신도 숭배할 수 있도록 허락해 주었습니다. 덕분에 키루스의 명성은 더욱 높아졌습니다. 이처럼 페르시아는 아시리아와는 달리 정복한 민족의 풍습을 존중하고 자치를 인정하여 200년

청동 램프
페르시아에서 사용된 청동 램프입니다.

동안 안정과 번영을 이루었습니다. 더구나 페르시아는 동양과 서양의 중간에 위치하고 있어서 동서양의 문화 통로로써 최적이었고, 무역이 발달하면서 세계 최고의 대도시로 성장할 수 있었습니다.

하지만 키루스 왕은 그의 소원이었던 이집트 정복을 이루지 못하고 기원전 530년 경에 눈을 감았습니다. 그리고 그의 아들 캄비세스 2세가 아버지의 뜻을 이어받아 마침내 이집트를 정복하여 페르시아 제국의 지배 아래 두었습니다.

그러나 캄비세스 2세가 이집트에 머무르는 동안 본국 페르시아에서는 왕위를 빼앗으려는 사건이 벌어졌습니다. 또한 자신이 지휘한 에티오피아 원정까지 실패하자 캄비세스 2세는 스스로 목숨을 끊었습니다.

이 혼란을 수습하고 새로 왕이 된 사람이 다리우스 1세입니다. 나중에 그리스와 한판 승부를 벌인 다리우스 1세는 페르시아 제국을 인도에서 트라키아까지 확장했습니다. 당시 페르시아의 다리우스 1세를 꺾은 것은 오로지 그리스뿐이었습니다.

불을 숭배한 조로아스터교

조로아스터교는 고대 페르시아의 철학자이자 예언자로 불리는 조로아스터에 의해 창시된 종교입니다. 조로아스터는 예언자 자라투스트라의 영어식 이름입니다. 조로아스터교에서는 이 세상을 빛의 신 '아후라 마즈다'와 어둠의 신 '아리만'이 서로 갈등하는 곳이라고 보고, 빛을 만들어 내는 불을 숭배했습니다. 조로아스터교 제단에 불꽃이 꺼지지 않도록 지키는 사람을 마기(magi)라 불렀는데 그들은 갖가지 신기한 일들을 할 수 있었습니다. 여기서 오늘날의 마법(magic)이 유래되었고 마법을 부릴 줄 아는 사람을 마법사(magician)라고 부르게 되었습니다. 조로아스트교는 살아 있을 때 행동에 따라 죽어서 천국이나 지옥으로 가게 된다는 교리를 기지고 있습니다.

유대 민족, 헤브라이인

기원전 2000년 메소포타미아의 많은 도시 중에 '우르'라고 불리는 도시가 있었습니다. 그곳에는 덕망 있는 족장 아브라함이 살고 있었습니다. 아브라함은 유대 민족의 시조입니다. 아브라함은 하느님의 계시를 받고 멀리 지중해에 접해 있는 가나안 땅까지 유대인 무리를 이끌고 이동합니다.

거기서 아브라함의 손자 야곱은 다시 열두 명의 아들을 낳았으며, 아브라함의 후손들이 점점 더 늘어나자 야곱의 열두 아들의 이름을 딴 부족들이 생겨습니다. 이 열두 부족들이 이스라엘 민족 또는 유대 민족으로 알려지게 되었습니다.

구약 성서에 의하면 야곱은 열한 번째 아들인 요셉을 가장 사랑했습니다. 그러자 다른 형제들이 이를 시기해 요셉을 이집트 노예 상인에게 팔아 버렸습니다. 노예 상인에게 팔려 간 요셉은 옥에 갇혔지만 이집트 왕의 꿈을 해석해 주고 이집트의 총리 대신이 됩니다. 요셉은 이집트 왕의 꿈이 7년의 풍년과 7년의 흉년을 겪는다고 풀이했고, 그 덕에 이집트는 7년의 풍년 동안 곡식을 모아 두었다가 뒤이은 7년의 흉년을 대비할 수 있었습니다.

하지만 이집트 외의 다른 지방은 7년 동안의 흉년으로 고통을 겪어야 했습니다. 물론 요셉을 팔아 버린 요셉의 형제들도 흉년으로 고통을 겪다 이집트는 괜찮다는 소식을 접하고 이집트로 이동하게 됩니다.

이집트 사람들은 많은 신들을 섬겼지만 유대인들은 자신들의 신 하느님(야훼)만을 숭배했고, 이집트는 요셉이 살아 있는 동안 유대인들에게 우호적으로 대해 주었습니다. 하지만 요셉이 죽자 이집트의 다른 왕들은 이민족인 유대인들을 노예로 삼았고, 람세스 왕은 새로 태어난 유대인 사내아이들을 모두 죽이라는 명령을 내리기도 했습니다. 그러자 유대인의 지도자 모세가 유대인을 이끌고 가나안 땅으로 향했습니다. 유대인은 모세의 후계자인 여호수아에 이르러서야 가나안에 도착해 열두 부족이 오랫동안 살면서 유대 왕국(헤브라이 왕국)을 이루게 됩니다. (기원전 1020년경)

헤브라이 왕국의 첫 번째 왕은 사울이었습니다. 전투에서 뛰어난 능력을 보인 사울은 길보아 산의 전투에서 크게 지고 난 뒤 결국 스스로 목숨을 끊고 말았습니다. 사울과 그 아들이 모두 전쟁에서 죽고 난 뒤 헤브라이 왕국의 땅 대부분에 팔레스타인 사람들이 살게 됩니다. 이때 나타난 인물이 바로 다윗입니다. 다윗은 사울의 부하로 많은 전투에서 공을 세웠습니다. 사울이 죽었다는 소식을 들은 다윗은 남·북부의 모

십계명을 받은 모세

모세가 유대인들을 이끌고 이집트를 탈출해 맨 처음 도착한 곳이 시나이 산이었습니다. 모세는 산꼭대기에 올라가 꼬박 40일 동안 기도했고 신에게 열 가지 계명을 받아 내려왔습니다. '십계명'은 신이 유대인들에게 지키라고 요구했던 도덕 규칙이기도 합니다.

『구약 성서』

유대인의 전설, 역사, 법률 등이 담긴 『구약 성서』는 기원전 1200년경에 시작해, 적어도 800년 이상에 걸쳐 기록되었을 것으로 추정됩니다. 성경에 의하면 하느님은 이 세상의 유일신이며, 유대인은 그 유일신으로부터 선택 받은 민족이라고 말합니다.

든 부족을 합해 팔레스타인 사람들과 싸워서 잃어버렸던 땅들을 되찾았습니다. 다윗은 왕국의 수도를 예루살렘으로 정하고, 요르단 강 동쪽 지역과 다마스쿠스를 비롯한 일부 지역까지 세력을 뻗쳤습니다. 이때부터 예루살렘은 헤브라이인의 유일신인 하느님 숭배의 중심지가 된 것입니다.

가나안
아브라함이 신의 계시를 받고 찾아간 가나안 땅은 지금의 팔레스타인 지역을 말합니다.

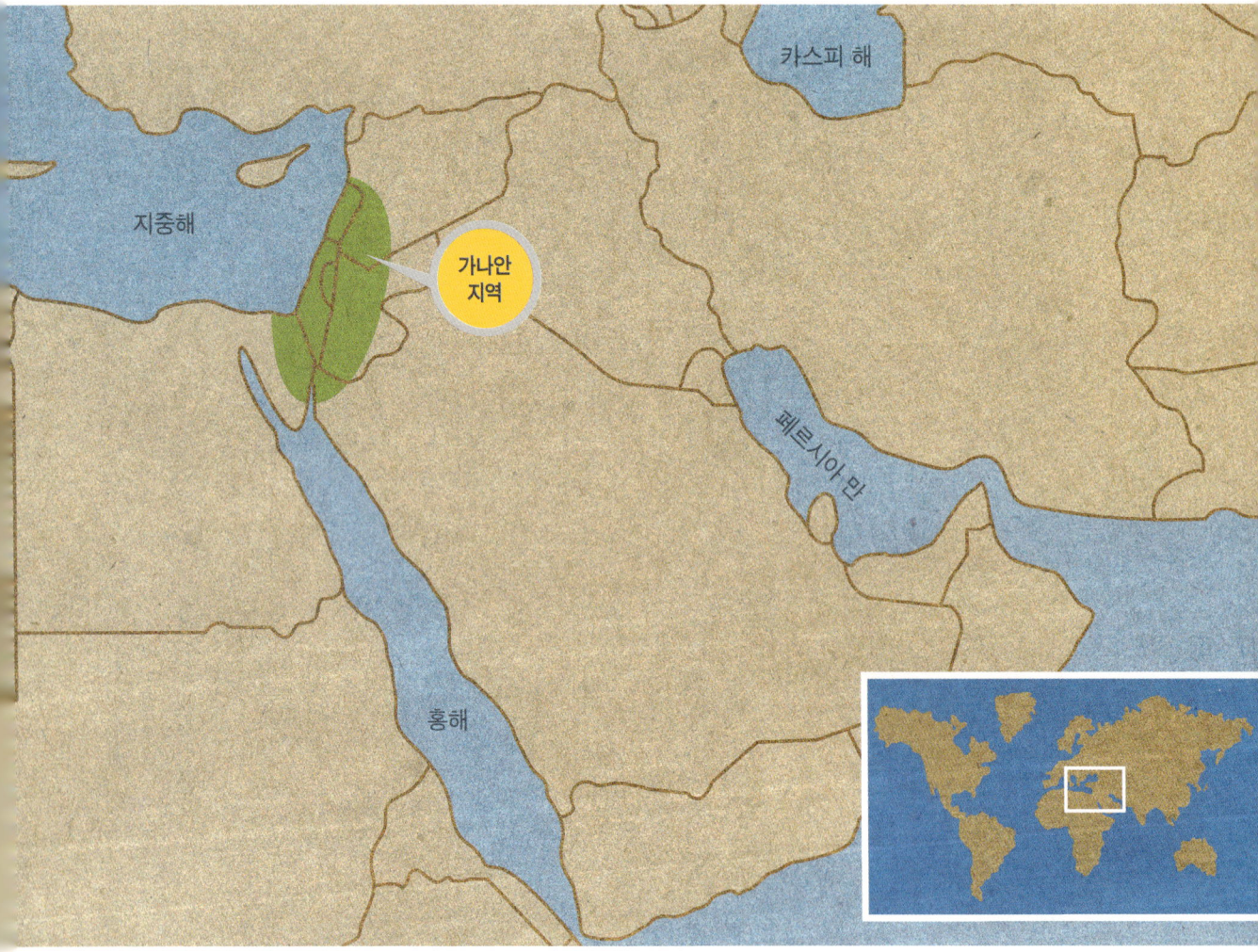

헤브라이 왕국은 다윗의 아들 솔로몬 왕 때에 가장 크게 번영했습니다. 하지만 솔로몬이 죽자 북부의 열 개 부족이 사마리아를 중심으로 반란을 일으켰고 '이스라엘'이라는 새로운 나라를 세웠습니다. 반면 남부의 두 부족은 계속 예루살렘의 왕을 따랐는데, 이 국가를 '유대 왕국'이라 불렀습니다.

이렇게 세워진 헤브라이인의 두 왕국은 싸움을 거듭했습니다. 하지만 이후에는 서로 동맹을 맺고 친하게 지냈습니다. 그 뒤 아시리아가 새로운 강국으로 나타난 기원전 722년, 결국 두 왕국은 아시리아에게 정복당했습니다. 그 후 신바빌로니아 왕국이 아시리아를 멸망시켰습니다.

유대 민족은 새로운 강국 신바빌로니아에 대해 계속해서 저항했으나, 결국 기원전 587년에 무너지고 주민들은 바빌론으로 끌려가 포로가 되었습니다. 이로써 헤브라이 왕국의 역사는 끝나고 말았습니다.

바빌론에 포로로 잡혀갔던 지도자들과 많은 백성들은 페르시아 왕 키루스가 신바빌로니아를 정복한 뒤인 기원전 538년에야 자기 나라로 돌아올 수 있었습니다. 가나안으로 돌아온 그들은 점차 유대인을 중심으로 단결했습니다.

그 뒤, 이들은 '유대인'이라 불리게 됩니다. 유대인은 기원전 4세기에는 알렉산드로스의 통치하에 들어갔으며 기원전 1세기에는 로마에 점령당합니다. 유대인들이 저항하자 로마 황제는 유대인의 수도 예루살렘을 파괴해 버리라는 명령과 함께 더 많

> ### 지혜로운 왕, 솔로몬
>
> 다윗의 아들 솔로몬이 왕이 되었을 때 꿈에 하느님이 나타나 이렇게 물었습니다. "세상에서 가장 갖고 싶은 것이 무엇이냐?" 그러자 솔로몬은 부도 명예도 아닌 지혜라고 대답합니다. 그래서 하느님은 그를 가장 지혜로운 사람으로 만들어 주었다고 합니다.

은 병사를 보냅니다. 로마 병사들의 공격으로 성전과 궁전은 모두 불타 없어졌고 유대인들은 모두 예루살렘에서 쫓겨나게 되었습니다.

그러자 유대인들은 신을 숭배할 성전도 없어졌고, 수도는 물론 나라까지 잃게 되었습니다. 그들은 사방으로 흩어졌고 2000년이 지난 현대에 이르러서야 이스라엘이라는 나라를 세울 수 있게 되었습니다.

알파벳을 만든 페니키아인

이집트를 떠난 유대인들이 가나안으로 돌아왔을 때 그곳에는 이미 다른 사람들이 자리를 잡고 살고 있었습니다. 페니키아인이라는 사람들은 가나안 북쪽 땅에 살고 있었는데 그들은 고대 세계의 가장 뛰어난 항해사였습니다. 가나안 북쪽은 바위와 모래투성이라 농사를 짓기에는 부적합했기 때문에 페니키아 사람들은 지중해를 항해하면서 상인이 되었습니다. 처음에는 삼나무를 잘라 다른 나라에 팔았고 또 가구를 만들어 팔았습니다. 소금에 말린 생선, 수를 놓은 천도 팔았습니다. 그리고 지중해 연안을 항해하면서 주석이나 다른 광석들을 채취할 수 있는 적당한 장소를 찾아 다녔습니다.

페니키아인들은 아름다운 천을 비롯하여 유리와 금, 은, 상

페니키아인의 활동 무대였던 지중해
지중해는 유럽, 아시아, 아프리카 세 대륙에 둘러싸인 바다를 말하며 세 대륙의 문명이 교류하는 통로이자 경제의 중심지였습니다. 고대에 이집트, 페니키아, 그리스, 로마에 의하여 지중해 문화권이 형성된 바 있으며, 지금도 경제·군사적으로 중요한 지역입니다.

아를 다루는 법을 누구보다 잘 알고 있었고 작은 고동에서 아름다운 자줏빛 염료를 얻는 비법도 알고 있었습니다.

기원전 11세기까지 페니키아 함선은 지중해 곳곳을 항해하며 해안선을 따라 중요한 무역항을 세웠습니다. 그중 가나안 위쪽에 건설한 '티레'가 가장 번성한 무역항으로 성장했습니다.

특히 페니키아의 왕 히람 1세 때 티레는 최고의 번영을 누렸습니다. 그는 헤브라이 왕 솔로몬과도 동맹을 맺었습니다. 히람

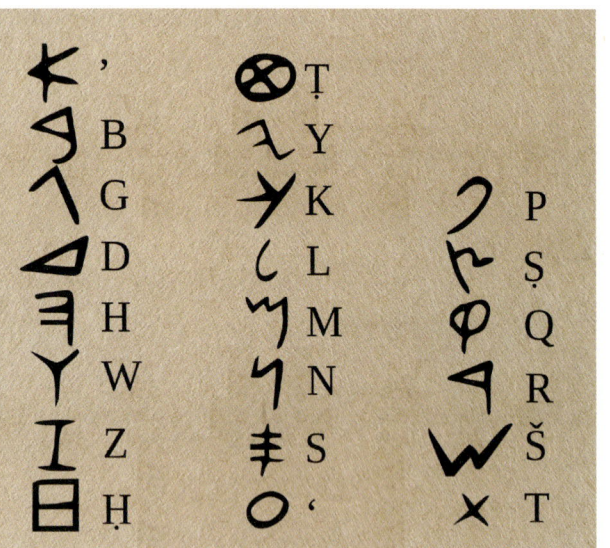

페니키아 문자표
페니키아인이 만든 스물두 개의 문자는 현재 사용되는 알파벳의 기원이 됩니다.

왕은 솔로몬 왕이 성전을 지을 때 일꾼을 파견하기도 했습니다.

무엇보다 페니키아인들이 인류 문명에 가장 크게 도움을 준 것은 알파벳을 만들어 낸 일입니다. 상업 국가였던 페니키아에서 수메르의 쐐기 문자는 쓰기가 너무 불편했고, 상형 문자는 너무 귀찮았습니다.

그래서 페니키아인들은 상업 활동을 활발히 하기 위해 쓰기에 편리한 문자를 만들어 낸 것입니다. 페니키아인들이 만든 스물두 개의 글자는(자음) 그리스 문자로 이어져서 마침내 오늘날 알파벳의 기원이 되었습니다.

카르타고의 전설

페니키아인들이 북아프리카로 가는 길목 카르타고에 식민지를 세웠습니다. 카르타고는 처음에 작은 마을에 불과했지만 다른 나라 상인들이 상품을 팔기 위해 몰려들면서 크고 번화한 도시로 성장했습니다. 이 카르타고에 누가 처음 정착했는지 모르지만 나중에 고대 로마의 시인이자 위대한 작가 베르키리우스는 카르타고 도시에 관한 재미난 전설을 남겼습니다. 그 이야기는 다음과 같습니다.

디도는 페니카아 공주로 티레 왕의 동생이었습니다. 공주는 엄청난 부자와 결혼해 살고 있었는데 티레 왕은 그 재산이 탐나 공주의 남편을 죽이고 재산을 빼앗습니다. 공주는 목숨을 부지하기 위해 친구들과 배를 타고 멀리 떠나야 했습니다. 오랫동안 바다를 표류하다 육지를 만났고 그곳에 배를 정착했습니다. 그런데 그곳에는 이미 사람들이 살고 있었습니다. 친구들은 다른 곳을 찾아보자고 했지만 공주는 그곳에서 새 도시를 건설하기로 마음먹었습니다. 그녀는 바다 가까이 살고 싶었습니다. 그래야 무역을 해서 돈을 벌 수 있기 때문입니다. 결국 공주는 해변가의 땅 주인과 협상을 합니다.

"소가죽으로 덮을 만큼의 땅만 제게 파세요."

주인은 소가죽으로 덮을 땅이 얼마나 되겠나 싶어 흔쾌히 동의했습니다. 그러나 디도 공주는 황소 가죽을 실처럼 가늘게 잘라 그것의 끝과 끝을 이어 아주 넓은 땅을 살 수 있었습니다. 디도 공주와 친구들은 그 땅에 탑을 세우고, 탑을 중심으로 정착해 '카르타고'라는 도시를 세웠습니다. 전 세계의 배들이 그들과 상품을 사고 팔기 위해 카르타고로 몰려왔고, 카르타고는 이후 가장 부유한 도시 국가로 발전하게 되었습니다.

땅이 비옥한 카르타고는 지중해 무역의 요충지로 해상 무역을 통해 발전했습니다. 특히 에스파냐와 아프리카를 잇는 통상로에 있었으므로 기원전 600년, 서지중해의 무역권을 완전히

고대 사회, 인류 문명의 발생 77

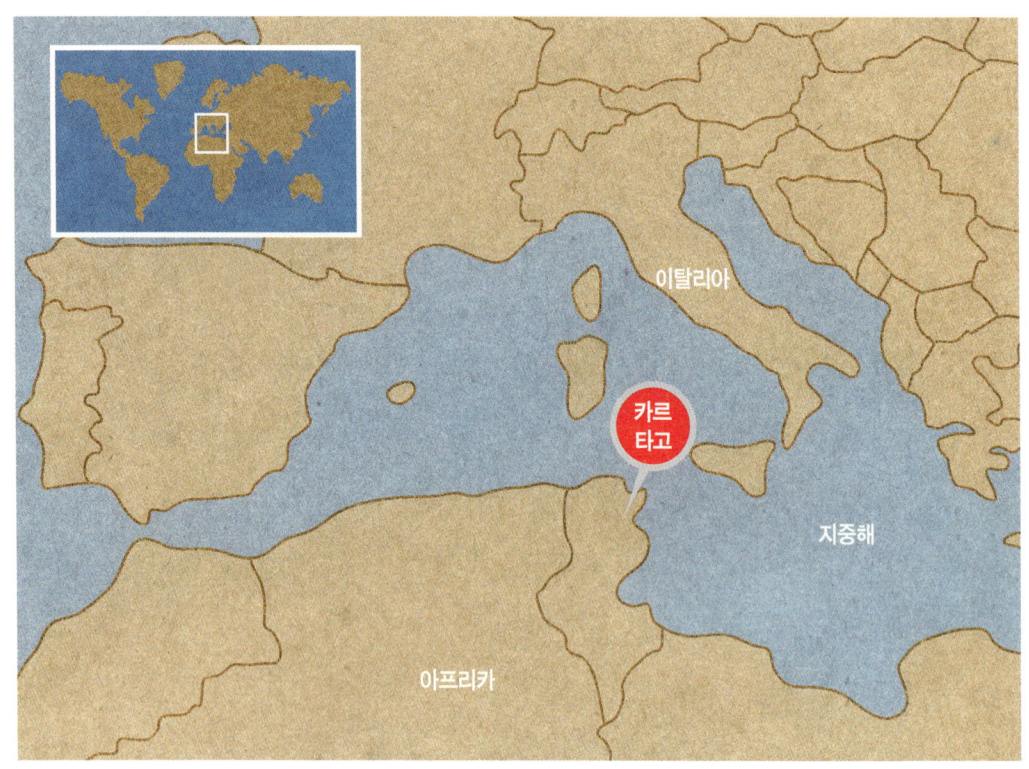

카르타고

장악했습니다. 코르시카 섬·사르데냐·에스파냐 등에도 진출하였으며, 기원전 6세기 중반에는 시칠리아 전 지역을 장악했습니다. 이후 카르타고는 지중해의 가장 강력한 무역 중심 도시가 되어 지중해 해상 무역을 장악하게 됩니다. 하지만 카르타고는 지중해 해상권을 둘러싸고 그리스와도 전쟁을 치러야 했고 로마와도 세 차례나 전쟁을 치러야 했습니다. 로마와 치렀던 이 전쟁이 바로 포에니 전쟁입니다. 카르타고는 포에니 전쟁에서 명장 한니발의 활약에도 불구하고 결국 로마에 패배해 멸망하고 맙니다.

나일 강이 만든 이집트 문명

지금부터 3500년 전, 메소포타미아 문명과 함께 이집트에서도 문명이 발달하기 시작했습니다. 이집트 문명 또한 나일 강과 그 주변의 비옥한 땅을 바탕으로 이루어졌습니다.

나일 강도 메소포타미아 지역의 티그리스 강과 유프라테스 강처럼 해마다 홍수가 나서 강물이 넘쳤고 강 상류에서 흘러내려 간 물질들이 강 하류에 쌓여 기름진 땅이 만들어졌습니다. 그러자 많은 사람들이 건조한 사막을 떠나 물과 기름진 땅이 있는 곳으로 몰려왔습니다. 게다가 나일 강은 티그리스 강이나 유프라테스 강보다 농사를 짓기에 훨씬 편리하고 좋았습니다.

해마다 홍수 때문에 강물이 넘치는 것은 똑같았지만 그 넘치는 시기가 규칙적이었기 때문에 미리 예상하고 대비할 수 있어서 농사에 큰 피해를 주지는 않았습니다. 강물이 규칙적으로 넘친다는 것은 댐이나 제방을 쌓을 필요 없이 물이 줄어들기를 기다렸다가 농사를 지으면 된다는 것을 말합니다. 이렇듯 규칙적으로 차고 넘치는 나일 강은 이집트인들에게 생활의 흐름을 만들어 주는 시계 역할을 했습니다. 해마다 물이 불어나는 6월부터 시작해 물 높이가 가장 높은 시기인 10월까지는 고기잡이를 하고, 물이 빠지기 시작하는 12월 경에는 상류에서 내려온 기름진 땅에 씨를 뿌립니다. 그리고 다음 해 물이 불기 전 3월에서 5월까지 추수를 하고 나면 다시 물이 불어나는 6월이 시작됩니다.

이집트에서는 풍부한 갈대 줄기를 이용해 종이를 만들고 '히에로글리프'라고 하는 상형 문자를 사용해 기록을 남겼습니다. 이집트 사람들은 이 갈대를 파피루스라고 하는데, 파피루스 줄기를 얇게 펴서 엮은 뒤, 짓이겨서 종이를 만들었습니다. 오늘날 종이를 영어로 '페이퍼'라고 하는 것도 이집트의 파피루스에서 비롯된 말입니다.

고대 이집트, 역사의 시작과 끝

이집트는 나일 강의 상류와 하류에 건설한 두 왕국으로 나누어져 있었습니다.

두 지역은 주민의 생활과 정치, 종교, 문화의 정서가 서로 달랐으며 나일 강의 상류에는 상이집트가, 나일 강의 하류에는 하이집트가 각각 자리 잡고 있었습니다.

상이집트는 사막화가 진행되면서 이용할 만한 토지가 점차 줄어들고 생산성도 떨어져 가는 나일 강의 좁고 긴 지역에 있었습니다. 하이집트는 오늘날 카이로 북부에 부채꼴 모양으로 펼쳐 있는 인구가 밀집한 풍요로운 땅으로 육지와 바다를 통해서 다른 민족들과의 교역과 교류가 활발히 이루어지던 지역에 있었습니다. 1000여 년에 걸쳐 끊임없이 서로 적대시하고 경쟁하던 상이집트와 하이집트는 기원전 3000년경 상이집트의 나르메르라는 왕에 의해 하나의 왕국으로 통합됩니다. 나르메르는 나일 강 상류에서부터 하류까지 지배하는 통일 왕국을 건설했

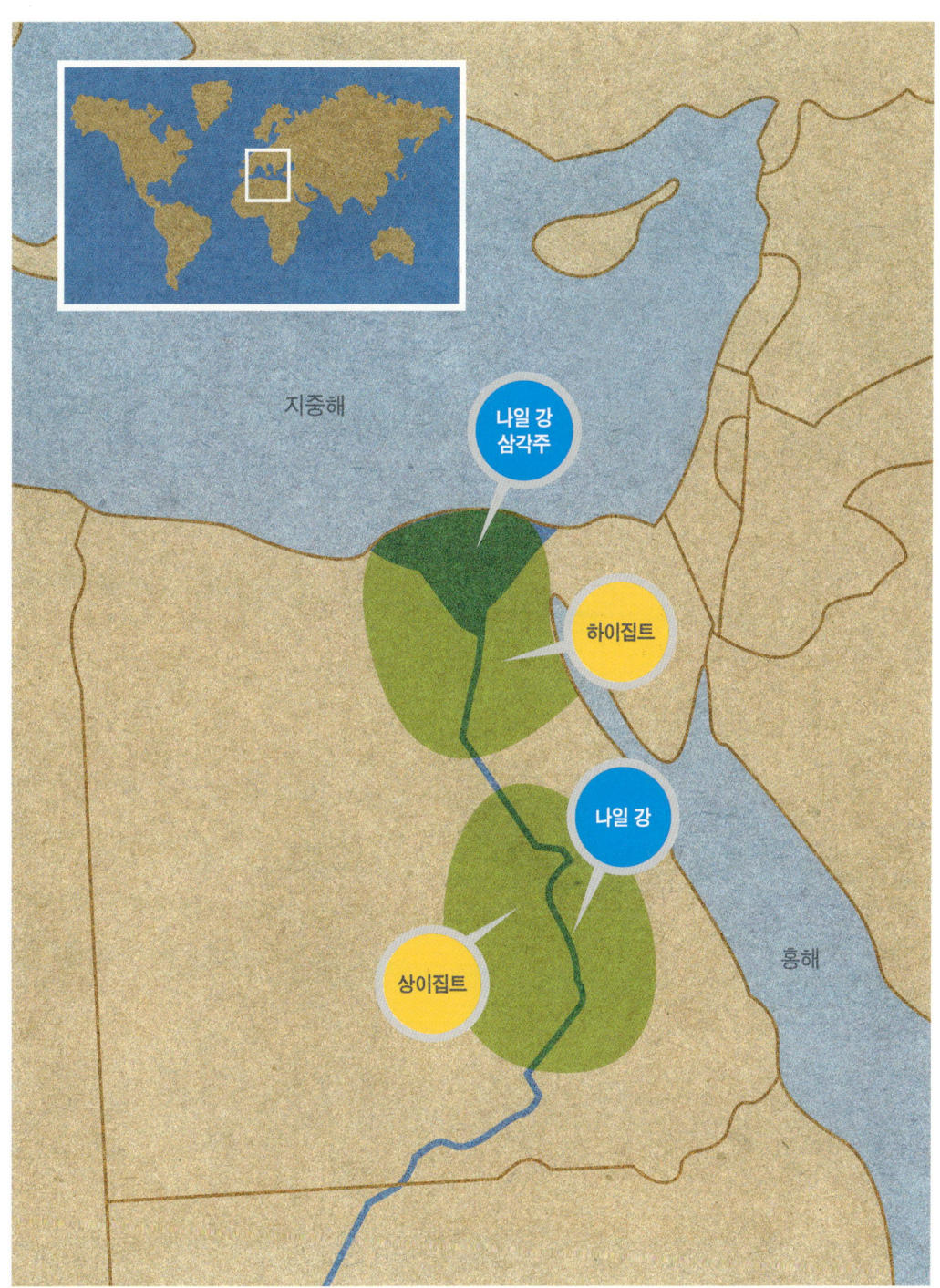

나일 강을 중심으로 형성된 이집트 문명 지도

이집트 상형 문자
상형 문자는 그림 문자에서 좀 더 발전한 문자입니다. 상형 문자를 이용하여 이집트 사람들은 자신들의 생각과 사람들의 기록 등을 남겼습니다.

습니다. 수도는 두 왕국의 중간 지점인 멤피스에 건설되었습니다. 나르메르의 통일은 이집트 민족의 통합과 이집트 문명의 비약적인 발전의 계기가 되었습니다. 이 시대가 이집트 제1왕조, 제2왕조인데 정부 조직과 행정 체계, 건축과 토목 기술, 예술 등 모든 면에서 발전을 이룩해 그 당시 메소포타미아의 어떤 도시 국가들보다도 강력했습니다.

이집트인들의 문자 체계인 히에로글리프가 정비되었고, 1년을 365일로 하는 달력도 완성되었습니다. 제3왕조의 두 번째 군주 조세르는 이집트 왕들 중 가장 뛰어난 인물의 한 사람이었으며 역사상 최초로 피라미드를 건설한 군주로도 유명합니다.

제4왕조는 고대 이집트 왕국이 정점에 도달한 시기였으며, 사람인 동시에 신이라 믿었던 파라오와 그의 왕권이 절대적이었던 시기였습니다. 제사장의 아들 우세르카프가 세운 제5왕조에서는 태양신 숭배가 절정에 이르러 오시리스 신을 대신하여 태양신 '라'가 최고신이 되었습니다. 이때 왕들은 자신이 태양신의 아들임을 자처했으며, 신전이 건축되었습니다. 그 후 통일 왕국은 2000년 동안 발전과 쇠퇴를 거듭하며 이어지다 기원전 7세기경에 다시 상·하 두 왕국으로 나뉘었습니다. 이후 아시리아의 엄청난 공격을 받아 잠시 지배를 받다가 하이집트 왕자에 의해 다시 이집트 왕국이 세워지고 사이스에 수도를 정하게 됩니다. 그의 아들 네코 시대에는 상업이 발달하고 해군력이 증강되었으며, 나일 강과 홍해 사이에 운하가 건설되었습니다. 특히

로제타 석

이집트 북쪽의 로제타라는 곳에서 발견된 이 돌에는 같은 내용의 글이 이집트 상형 문자, 이집트 민중 문자, 그리스 문자의 세 가지 언어로 씌여 있습니다. 프랑스의 샹폴리옹이라는 사람이 이 글을 해석해서 이집트 상형 문자를 해석하는 길을 얻게 되었습니다. 글의 내용은 프톨레마이오스라는 이집트 왕을 칭송하는 것입니다.

© Hans Hillewaert / CC-BY-SA-3.0

이집트와 그리스 사이에 교역이 발달하며, 많은 그리스인들이 상인이나 왕가의 용병으로서 이집트에 정착하기 시작했습니다.

그러나 기원전 526년, 이집트의 제30왕조가 페르시아 왕 캄비세스 2세에게 정복당하면서 이집트인에 의한 왕조는 막을 내리게 되고 페르시아 군주들의 제31왕조가 들어섰습니다.

이렇게 이집트를 지배한 파라오의 제국은 페르시아에 의해 사라졌지만 수천 년에 걸쳐 완성된 이집트 문명은 고스란이 남아 이후 그리스 문화와 어우러져 세계 문명 발전에 큰 역할을 하게 됩니다.

피라미드와 미라

피라미드는 고대 이집트 문명의 발달 정도를 가장 잘 나타내는 것 중 하나입니다. 피라미드는 왕이나 왕비, 혹은 왕족을 위해 만든 거대한 무덤이었습니다.

카이로 근교 기자의 언덕에는 세 개의 거대한 피라미드가 남아 있습니다. 그중 가장 큰 피라미드인 쿠푸 왕의 피라미드는 높이가 146미터가 넘고, 한 변의 길이가 약 230미터에 달하며 총 230만 개의 돌이 사용되었다고 합니다. 이 돌들의 무게만 해도 무려 6백만 톤이나 됩니다.

그리스 역사학자 헤로도토스는 2만 명이 3개월씩 교대하며 쌓았다 해도 20년이 걸린다고 했습니다. 이는 피라미드를 만드는 일이 얼마나 대단한 것인지, 또 그 무렵의 기하학과 건축 기술 수준이 얼마나 발달했는지도 짐작할 수 있게 해 주는 말입니다. 이토록 놀라운 규모의 쿠푸 왕 피라미드는 고대 세계 7대 불가사의 중 하나입니다.

최근까지도 피라미드를 쌓는 데에 노예가 동원됐을 것이라고 생각하는 사람들이 많았습니다. 그러나 최근 돌을 깨는 곳인 채석장에서 발견된 왕에 대한 칭송이나 기쁨을 노래한 자료 등을 통해 피라미드 건설은 왕에 대한 존경과 신뢰 그리고 경제적으로 어려운 이들에게 일자리를 제공해 주는 사업이었다고 생각하는 사람들도 늘어나고 있습니다.

메소포타미아인들에게 왕은 신을 대신하는 존재였다면 이집트인들에게 왕은 인간의 모습을 한 신이었습니다. 이집트인들에게 왕은 신이므로 죽은 후에도 죽은 것이 아니었습니다. 그래서 죽은 왕이 편안하게 쉴 수 있는 집이 필요했습니다. 위대한 신이 편안하게 쉴 수 있는 곳 즉, 피라미드를 건설하는 것은 어쩌면 필연적인 일이었는지도 모릅니다.

'파라오'란 궁전 또는 큰 집이라는 뜻으로, 이집트에서는 왕을 일컫는 말입니다. 이집트인들은 '파라오'라 불리는 왕은 태양신 '라'의 아들이라고 생각했으며 파라오가 죽고 나면 저승을 다스리는 나일 강의 신 오시리스와 합쳐져 한 몸이 된다고

이집트의 왕비 네페르티티
높이 50센티미터인 이 흉상의 주인공은 아케나톤의 아내이자 투탕카멘의 양어머니인 네페르티티입니다. 네페르티티라는 이름은 '미녀가 왔다'라는 뜻입니다.

피라미드
사진에 보이는 커다란 세 개의 피라미드가 가장 유명한 기자의 3대 피라미드입니다. 가운데에 있는 카프레 왕의 피라미드를 보면 윗부분이 매끈한 것을 알 수 있습니다. 원래 피라미드는 저렇게 매끈한 돌로 마무리가 되지 않았지만, 바람에 깎이고 사람들이 떼어 가 지금의 모습이 된 것입니다.

람세스 2세(고대 이집트 제19왕조의 왕) 신전
이집트 아부 심벨 지역에 있는 람세스 2세의 신전입니다. 람세스 2세는 히타이트와 휴전을 맺고 50년간 평화를 유지했습니다. 이 기간 동안 그는 이집트 곳곳에 거대한 건축물을 지었습니다.

여겼습니다. 그리하여 파라오는 신으로 다시 태어나 나일 강의 범람과 물을 조정하여 백성들이 농사를 잘 지을 수 있도록 돕는다고 믿었습니다. 그래서 왕들은 제사를 지내는 사제들보다 더 큰 힘을 가졌으며 살아 있는 신으로 여겨졌습니다.

피라미드 외의 다른 건축물은 대부분이 무덤이나 죽은 자를 위한 기념비가 많았습니다. 왕뿐만이 아니라 부자들도 자신의 무덤을 만들었고 그 무덤을 정성껏 장식했으며, 무덤 벽에는 주로 이집트인의 생활 모습을 잘 알 수 있는 그림이 그려졌습니다.

이집트 문명 중에서 피라미드 다음으로 유명한 것이 바로 미라입니다.

고대 이집트인들은 사람이 죽은 뒤에도 영혼은 사라지지 않는다고 믿었습니다. 사람이 죽어서 다른 세상에 태어나려면 몸이 그대로 있어야 한다고 생각했고 그래서 미라를 만들었습니다. 또한 관을 정성스럽게 꾸몄습니다. 미라를 만들 때 시체가 썩지 않도록 약품 처리를 하는 작업은 무척 복잡했습니다. 하지만 그들은 죽은 사람을 되도록 살아 있을 때 모습 그대로 완전하게 보존하려고 했습니다. 그리고 침대, 주전자, 보석, 장난감 등과 같이 살아 있을 때 사용하던 생활 도구도 시체와 함께 묻었습니다. 심지어는 저승에서 먹을 식량도 함께 넣어 주었습니다. 처음에는 파라오만이 영원한 삶을 누린다고 생각했다가 차츰 일반 사람들도 영원한 삶을 누린다는 생각이 퍼지면서 일반 사람들까지 미라로 만들었습니다.

그래서 아주 오랜 시간이 지난 뒤 발굴된 미라 중에는 얼굴이 썩지 않고 그대

황금으로 장식한 왕의 관
이집트 제18왕조의 12대 왕이었던 투탕카멘의 무덤에서 발굴한 황금관입니다. 투탕카멘의 미라는 네 개의 사당, 석실, 그리고 사진과 같은 세 개의 황금관 안에 황금 마스크를 쓰고 있었습니다.

진리의 저울

고대 이집트인들은 죽음이 끝이 아니라고 생각했습니다. 이집트 신화에 의하면 사람이 죽으면 죽음과 부활의 신 오시리스에게로 인도되어 재판을 받게 됩니다. 이 재판을 위해서 등장하는 것이 진리의 저울입니다. 진리의 저울 한쪽에는 죽은 자의 심장이 또 한쪽에는 진리의 여신 깃털이 놓이게 됩니다. 만약 죄가 많아 죽은 자의 심장이 깃털보다 무겁게 되면 죽은 자를 벌하는 아뮤트에게 잡아먹히게 되고, 저울이 평형을 이루게 되면 재판관 오시리스의 왕국에 들어가 영원한 삶을 살게 됩니다.

로 보존되어 있는 것이 있어서, 수천 년 전 이집트 사람을 생생하게 볼 수 있습니다. 미라가 그토록 잘 보존될 수 있었던 것은 우수한 방부 처리 기술도 있었지만 습기가 없는 건조한 사막의 기후가 시체를 썩지 않도록 도와주는 요인이 되었습니다. 이집트인들은 이처럼 무덤과 죽음에 관심이 많았습니다.

나일 강의 규칙적인 범람으로 생긴 하류의 기름진 땅은 이집트인들이 문화를 풍요롭게 발전시킬 수 있는 바탕이 되었습니다. 또 왕을 살아 있는 신으로 믿게 했으며 이는 불멸을 믿는 문화를 발달시켰습니다.

태양력, 1년은 365일

농사에서 가장 중요한 것은 자연의 때를 아는 것입니다. 씨를 뿌릴 때, 잡초를 없앨 때, 강물이 넘칠 때, 농작물을 수확해야 할 때를 잘 알아야 합니다. 그러기 위해서는 무엇보다도 한 해를 기록한 달력을 만드는 것이 가장 중요한 일입니다.

이집트의 농사는 언제나 나일 강의 범람과 함께 시작합니다. 오랜 관찰 결과 이집트

스핑크스
스핑크스는 사람의 머리와 사자의 몸을 가진 괴물의 이름으로 왕의 권력을 상징합니다. 이 스핑크스는 카프레 왕의 피라미드를 지키고 있는데 그 얼굴은 왕이 살아 있을 때의 얼굴이라고 합니다.

사람들은 나일 강이 범람할 무렵 항상 큰 별 하나가 보인다는 것을 알게 되었습니다. 해마다 6월이면 해 뜨기 직전 동쪽 하늘 지평선에서 반짝이는 시리우스가 바로 그 별입니다. 해가 뜨면 하늘이 밝아지기 때문에 사람이 맨눈으로 볼 수 있는 별은 거의 없습니다. 하지만 시리우스는 태양이 떠올라도 볼 수 있습니다. 뿐만 아니라 시리우스는 365.25일 만에 태양과 함께 떠오르기 때문에 1년 주기를 정확하게 셀 수 있었습니다. 그래서 이집트인들은 이를 바탕으로 날짜를 계산해서 달력을 만들었고 이를 이집트 태양력이라 합니다.

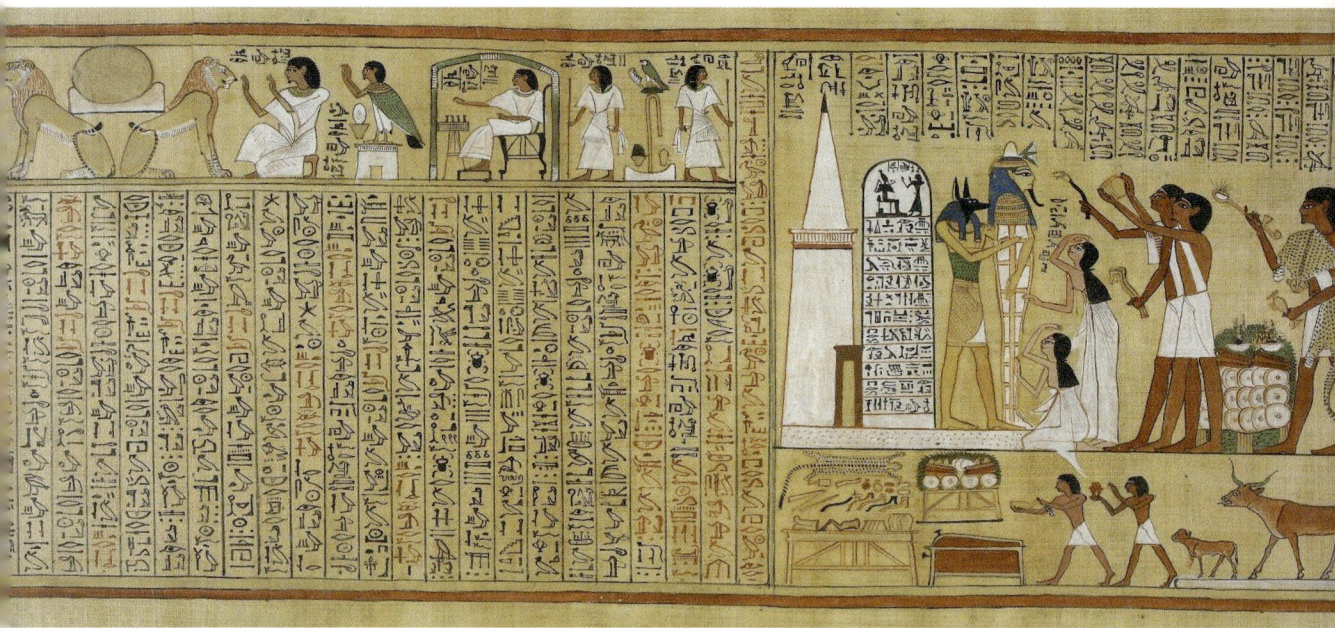

피라미드 벽화에 새겨진 미라를 만드는 과정

사자의 서

옛 사람들이 죽음 이후의 세계를 상상하며 적은 이야기를 '사자의 서'라 부릅니다. 고대 이집트 사람은 미라를 관 속에 매장할 때 종이(파피루스)나 가죽에 기록한 사자의 서를 함께 넣곤 했습니다. 사자의 서에는 죽음 이후의 행복에 대한 내용과 살아 있을 때 좋은 일을 하지 않으면 죽음 이후 다음 삶으로 갈 수 없다는 내용이 적혀 있습니다.

문화재의 약탈

찬란했던 이집트 문명의 여러 문화재들은 유럽과 미국에 많이 퍼져 있습니다. 유럽의 여러 나라들이 이집트를 침략해서 약탈해 갔기 때문입니다. 미라, 석관, 각종 장신구뿐만 아니라 오벨리스크까지 많은 수의 유물과 유적이 이집트에서 다른 곳으로 옮겨졌습니다. 그렇게 유물이 옮겨진 지 수백 년이 지나 이집트는 다른 나라에 문화재를 돌려달라고 요구했지만 다른 나라들은 들어주지 않았습니다. 문화재를 가져 간 것은 잘못이지만, 문화재를 잘 보존하고 연구해 왔기 때문에 돌려줄 수 없다는 논리였습니다.

오벨리스크
오벨리스크에는 전쟁의 승리를 기념하거나 왕의 위업을 과시하는 문장이나 모양이 새겨져 있습니다.

인더스 강에서 피어난 인더스 문명

기원전 2500년 경 메소포타미아와 이집트 문명에 이어 오늘날 파키스탄에 해당하는 인더스 강 유역을 중심으로 하라파 문명, 모헨조다로 문명과 같은 도시가 번성하기 시작했습니다. 인더스 강 유역에는 100군데가 넘는 고대 도시 유적이 보고되고 있습니다. 그리고 하라파는 인더스 강 상류 지방의 수도로, 모헨조다로는 인더스 강 하류의 수도로 보면 됩니다.

하라파 유적과 모헨조다로 유적은 1922년, 영국의 고고학자 마셜에 의해 처음 발굴되었습니다.

이 도시들은 계획적으로 만들어졌으며 가장 큰 도시 유적인 하라파와 모헨조다로에는 바둑판 모양으로 반듯하게 뻗어 있는 도로, 길과 길 사이의 집과 창고, 모두 벽돌로 지은 공동 시설물 등이 있습니다. 이를 통해 두 도시가 계획적으로 건설되었다는 것을 알 수 있습니다. 또한 이 유적지에는 아파트 형태로 지어진 집, 배수 시설을 갖춘 집, 공동으로 사용할 수 있는 커다란 목욕탕도 있었습니다.

하라파 유적에서는 소와 코끼리 등을 새긴 도장과 조각상들도 발견되었으며 시바 신의 모습을 한 신상도 발견되었습니다. 유적을 통해 주민들은 밀과 보리 등을 재배하고 청동기와 채색 토기를 사용했으며 물소나 코끼리 등을 사육했다는 것도 짐작할 수 있습니다. 누가 이런 계획 도시를 세웠을까요?

인더스 문명을 세운 사람들은 농사를 짓던 드라비다족인데 그들은 높은 수준의 기술 문명을 가지고 있었던 것으로 보입니다.

그 후 기원전 1700년에서 1500년경 아리아인들이 인도로 들어오기 시작합니다. 결국 인더스 문명은 아리아인의 침입으로 사라졌는데 모헨조다로의 유적은 아리아인이 침입하기 이전에 이미 쇠퇴한 것으로 보입니다. 그 원인으로는 기후의 변화나 지진 등으로 인더스 강의 물줄기가 바뀌면서 비옥했던 주변의 토지가 황폐해졌기 때문이라고 추측합니다. 또한 산림 파괴로 인해 인더스 강의 홍수도 계속 일어나 쇠퇴했을 거라고 추측하기도 합니다.

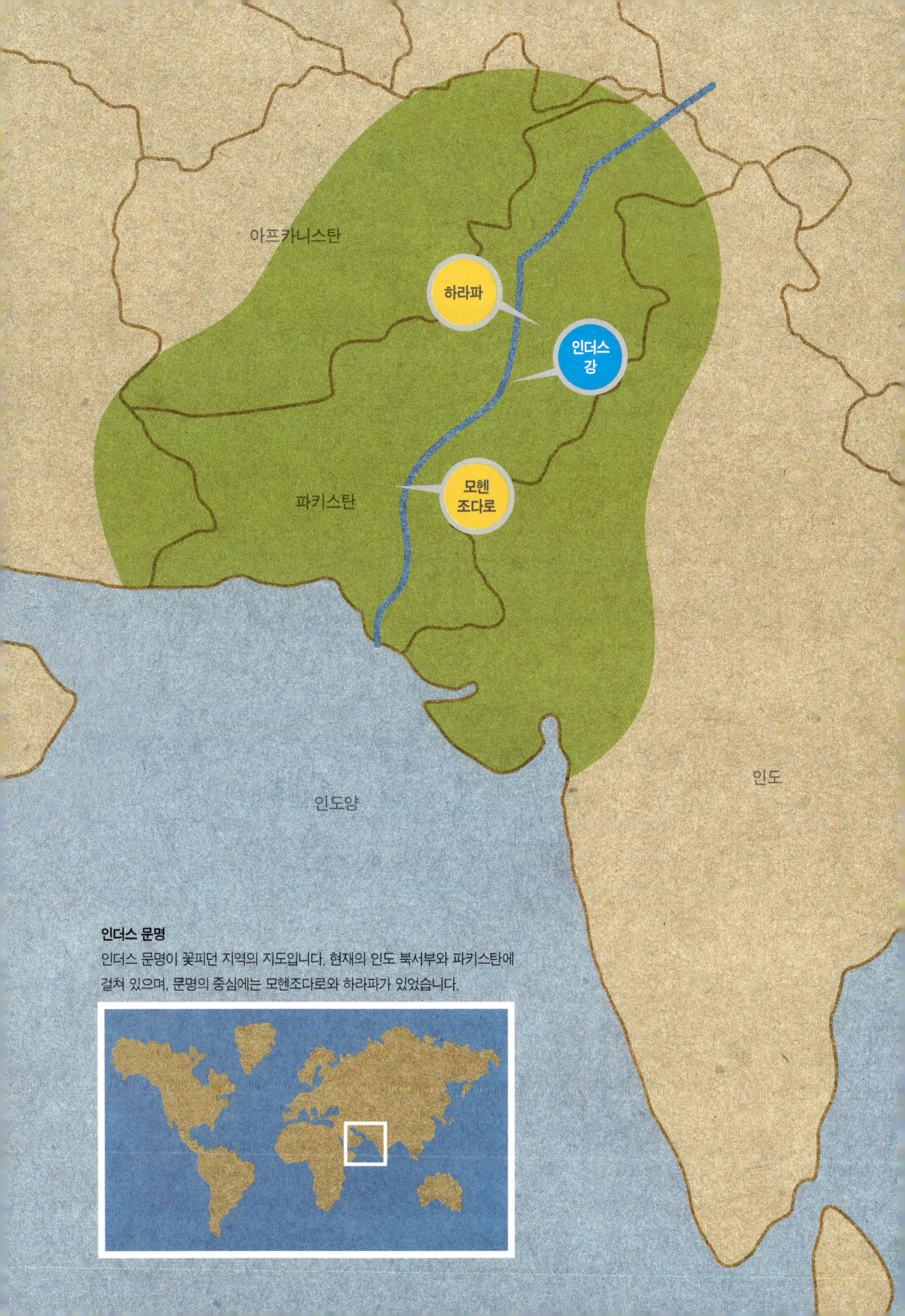

모헨조다로 유적
발굴된 모헨조다로의 유적 사진입니다. 네모반듯한 길들 사이로 건물들의 흔적이 보입니다. 건물들은 모두 벽돌로 지어져 있습니다.

아리아인이 만든 카스트 제도

유목 민족인 아리아족은 인더스 문명을 건설한 농경 민족인 드라비다족을 정복하고, 인더스 강 상류 지역에 정착해 점차 세력을 넓혔습니다. 아리아족은 태양·물·불·바람과 같은 여러 자연신들을 숭배했는데 이것이 나중에 브라만교로 발전합니다. 브라만교의 경전인 베다는 여러 신들을 찬미하는 글들과 인도의 건국 과정을 소개해 놓은 것입니다. 아리아인들은 베다의 내용을 중요하게 여겼고, 브라만교는 제사 의식을 특히 중요하게 생각했습니다. 또한 가장 높은 권력을 가진 사람이 신에게 제사를 올릴 수 있었는데 이들을 브라만 계급이라 합니다.

인도를 정복한 아리아인들은 원주민들을 굴복시키기 위해 피부색을 기준으로 신분을 나누었습니다. 이것을 바르나 제도라고 합니다. 바르나란 색을 뜻하는 말로 인종에 따라 신분을 나누었다고 해서 붙여진 이름입니다.

시간이 흐르면서 이 제도는 카스트 제도라고 불리게 되었습니다. 카스트란 포르투갈 말로 가문이나 혈통을 뜻합니다. 카스트 제도는 사람들을 네 개의 계급으로 나눕니다. 가장 높은 브라만 계급은 제사 의식을 담당하고 베다 경전을 배우고 가르칩니다. 그 다음 크샤트라 계급은 전쟁을 하고 나라를 다스리는 왕족이나 귀족들입니다. 그 다음 바이샤 계급은 농업이나 상업에 종사하며 나라에 세금을 내는 평민입니다. 가장 낮은 계급은 수드라 계급으로 다른 세 계급을 위해 봉사하는 노예 계급입니다.

물론 아리아인들은 브라만, 크샤트리아, 바이샤 계급을 차지했고 드라비다인들은 수드라 계급이 되어야 했습니다.

이렇게 카스트 제도는 브라만교의 보호 아래 자리 잡았고, 시간이 갈수록 계층 간의 구별이 더욱 엄격해져 다른 계급끼리는 함께 이야기하거나 밥을 먹는 것조차 꺼릴 정도였습니다.

또한 수드라보다 더욱 낮은 계급도 있었는데 이들은 어떤 카스트 제도에도 속하지 않는 사람이라고 해서 '불가촉천민(접촉할 수 없는 천민)'이라고 불렀습니다. 그들은 시체 처리, 길거리 청소 등 가장 더럽고 힘든 일을 했으며 심지어 사람들이 눈에 보이기만 해도 오염된다고 해 밤에만 활동하게 하는 지역도 있었습니다.

1947년, 인도의 독립과 함께 카스트 제도는 공식적인 법률상으로는 사라졌지만 아직도 알게 모르게 차별이 이뤄지고 있습니다. 그런데 카스트 제도 안에 갇힌 인도 사람은 그런 불평등한 신분에서 벗어나려고 별로 노력하지 않는다고 합니다. 왜냐하면 자신이 그 카스트에 속하게 된 이유를 현재의 문제가 아닌 전생에서 했던 행동의 결과라고 믿기 때문입니다.

브라만교에서는 사람이 한 번 태어나는 것이 아니라, 죽은 뒤 또다시 여러 번 태어난다고 믿었습니다. 이것을 윤회라고 합니다. 그리고 다시 태어날 때에는 이전 삶에서 어떻게 살았는지를 평가 받아 그 결과에 따라 계급이 정해진다고 여겼습니다. 그러니 지금의 신분에 아무리 불만을 가져도 벗어날 수 없다고 믿는 것입니다.

게다가 함부로 현재의 생활에서 벗어나려고 하는 것은 옳지 않은 행동이라고 생각했습니다. 그러면 그 행동 때문에 다음 세상에 더 낮은 카스트로 태어날 수도 있으니 조심해야 한다고 믿었습니다.

화려한 모습을 뽐내는 인도의 바라나시
인도에는 지금도 알게 모르게 카스트 제도로 인한 차별이 있습니다. 그러나 인도는 오랜 역사와 12억 이상의 인구를 바탕으로 세계의 강국으로 떠오르고 있습니다.

불교의 탄생

기원전 6세기경에는 브라만교가 종교 의식을 복잡하게 만들어 제사와 의식만을 중요시하며 타락하게 됩니다. 그러자 인도의 카필라 왕국에서 태어난 고타마 싯타르타 왕자는 브라만교와 카스트 제도를 비판하며 자비와 평등을 주장하는 불교를 창시하게 됩니다.

싯다르타(석가모니)
평등의 깨달음을 얻은 싯다르타를 묘사한 불상입니다. 기원후 2세기경 만들어진 작품으로 그리스 문화에서 영향을 받은 부드러운 선 처리가 인상적입니다.

불교는 수행을 통해 깨달음을 얻은 부처의 가르침을 실천하는 종교로서 기독교, 이슬람교와 더불어 세계 3대 종교 중 하나입니다.

불교를 만든 고타마 싯다르타는 크샤트리아 계급에 속하는 왕족이었습니다. 당시 인도는 여러 나라로 나뉘어져 있었는데, 그는 지금의 네팔 지역에 있는 조그만 왕국 카필라바스투의 왕자로 태어났습니다.

기원전 624년, 고타마 왕자는 어머니의 겨드랑이에서 태어났다고 전해지며 태어나자마자 일곱 걸음을 걸어가 한 손을 들어 손가락으로 하늘을 가리키고, 한 손은 내려 손가락으로 땅을 가리키며 "하늘 아래와 하늘 위, 어디든 오직 나만 홀로 존재한다(천상천하 유아독존)."라는 말을 했다고 합니다. 이처럼 특별한 탄생과 함께 행동도 결코 평범하지 않았습니다.

고타마 싯다르타 왕자는 생각하고 고민하기를 멈추지 않았습니다. 그의 가장 큰 고민은 인간이 겪는 모든 고통의 원인이 무엇인가 하는 것이었습니다.

아버지 슈도다나 왕은 아들이 부처가 되는 것보다는 자신의 뒤를 이어 왕이 되기를 바랐습니다. 그래서 슈도다나 왕은 아들에게 화려한 궁궐도 지어 주고 아름다운 부인과 결혼도 시켰습니다. 그래서 고타마 싯다르타는 아들도 얻었습니다.

하지만 싯다르타는 궁궐 밖에서 고통 받는 사람들을 보며 이대로는 살 수 없을 것 같았습니다. 결국 그는 몰래 집을 나왔습니다. 그 후 싯다르타는 많은 이들을 찾아다니며 왜 인간이 고통을 느끼는지 물어보았습니다. 하지만 어느 누구도 시원한 대답을 들려주지 않았습니다.

이에 고타마 싯다르타는 보리수나무 아래 앉아 고요히 눈을 감고 49일 동안 명상을 한 끝에 모든 고통의 원인이 욕심 때문이라는 것을 깨닫고 '스스로 진리를 깨달은 자' 즉, '부처'가 되었습니다.

그가 바로 석가모니입니다. 그는 사캬족 출신이었기 때문에 사캬족의 '깨달은 사람'이라는 뜻의 '사캬무니'라고 불렸고, 그 말을 한자로 옮긴 것이 석가모니입니다.

인도 곳곳에서 그를 따르는 무리들이 늘어났습니다. 그 후 불교가 많은 사람의 지지를 받으며 빠르게 성장한 것은 누구나 평등하다는 생각 때문이었습니다. 석가모니는 모든 존재가 카스트에 따라 계급이 나뉘어져 있다는 브라만교와 달리, 자신도 평범한 사람에서 스스로 깨달음을 얻고 부처가 되었듯이 누구나 부처가 될 수 있다고 주장했습니다.

세계 3대 불교 유적지 중의 한 곳인 보로부두르 사원
인도네시아 자바 섬 중앙에 있는 불교 유적지로 모두 아홉 개 층이며 전체 높이가 31미터에 달합니다. 굽타 시대 미술의 영향을 받은 돋을새김 조각과 일흔두 개나 되는 불상을 볼 수 있습니다.

이러한 사상은 바이샤나 수드라 같은 하층민에게서만이 아니라 중·상층 계급인 크샤트리아 계급에게도 환영을 받았습니다. 크샤트리아 계급은 늘 목숨을 걸고 전쟁을 치르며 영토를 넓히며 공을 세우지만 결국 늘 화려하고 편안한 생활을 하는 것은 브라만 계급이었기 때문입니다. 이렇듯 불교는 소외받고 외면 받는 하층 계급에서 시작해 크샤트리아 계급과 새로운 인도의 질서를 원하는 왕들의 지지를 받으며 빠르게 퍼져 나갔습니다. 또 석가모니의 제자들은 인도 곳곳으로 나아가 석가모니의 생각을 전파했습니다. 석가모니는 인도 곳곳에 가르침을 전하다 80세에 세상을 떠났습니다.

석가모니는 죽기 전에 자신의 형상을 만들어 섬기는 일을 절대 하지 말라고 했습니다. 그가 자신의 형상을 만들어 신처럼 모시는 것을 원하지 않은 이유는 누구나 노력하면 스스로 깨달음을 얻어 부처가 될 수 있다고 생각했기 때문입니다. 그의 말에 따라 신을 인간의 모습으로 만든다는 것을 불경하다고 여기며 불상을 만들지 않던 500년 동안의 시간을 불교 역사에서는 '무불상 시대'라고 합니다.

간다라 지방을 중심으로 인도에서 불상이 만들어지게 된 것은 알렉산드로스의 침략이 있고나서였습니다. 그리스의 조각 문화가 인도의 불교 문화와 만나 그리스 신상을 닮은 불상을 만들게 된 것입니다.

대승 불교와 소승 불교

석가모니가 죽은 뒤 불교는 크게 두 갈래로 나뉘었습니다. 하나는 개인의 수행을 중시하는 부파 불교이고 다른 하나는 대중 구제를 중시하는 대승 불교입니다. 부파 불교는 소승 불교라고도 하는데 동남아시아 지역인 스리랑카, 태국, 미얀마 등으로 퍼졌습니다. 대승 불교는 쿠샨 왕조 때에 크게 발전하여 중앙아시아와 동북아시아 지역인 중국, 한국, 일본 등으로 전파되었습니다.

인도의 통일 왕조

하나의 통일된 왕국을 건설하지 못하고 여러 왕조가 흥망성쇠를 거듭하던 인도는 기원전 273년, 마우리아 왕조의 제3대 아소카 왕에 의해 전 지역이 통일되었습니다. 인도의 대부분을 통일하고 왕권을 강화한 아소카 왕은 불교를 장려하였으며, 불교의 가르침을 정치 이념으로 받아들여 불교를 크게 발전시켰습니다. 그러나 아소카 왕이 죽자 마우리아 왕조는 세력을 잃고 급속히 몰락했습니다. 내부적으로는 수많은 왕국들이 생겨나고 외부적으로는 서북 인도 지역에 이민족들이 침입하기 시작합니다.

이후 이란 계통의 쿠샨인에 의해 건국된 쿠샨 왕조는 서북 인도를 침입하여, 마우리아 왕조 멸망 이후 분열되어 있던 인도를 다시 통일하였습니다. 쿠샨 왕조의 전성기는 카니슈카 왕 때였습니다. 넓은 영토를 차지한 카니슈카 왕은 불교의 보호와 포교에 힘썼습니다. 이 당시의 불교는 중생의 구제를 앞세운 대승 불교였는데, 대승 불교는 그리스 문화와 불교 문화가 융합되어 만들어진 간다라 미술과 함께 중앙아시아를 거쳐 중국, 우리나라, 일본 등지에 전파되었습니다.

쿠샨 왕조 멸망 후 오랜 분열을 겪던 인도는 4세기쯤에 굽

불교 석굴 기념물, 아잔타 석굴
스물아홉 개의 석굴로 이루어진 아잔타 석굴 중 굽타 왕조 시대에 만들어진 석굴입니다. 유네스코 세계 문화유산이며 수많은 조각과 벽화로 장식된 석굴은 불교 예술의 걸작으로 손꼽힙니다.

타 왕조에 의해 다시 통일되었습니다. 굽타 왕조는 카니슈카 왕이 죽은 뒤 혼란에 빠진 인도를 구하고 옛 문화 되살리기를 주장하며 역사에 등장합니다. 굽타 왕조는 오랫동안 이어져 내려오던 인도의 다양한 신앙을 브라만교 안에 녹여 인도의 종교, 즉 힌두교를 내세우게 되었습니다. 이 시기에 불교가 쇠퇴하고 힌두교와 굽타 미술을 비롯한 인도 고유 문화가 발달하였습니다. 이렇게 인도 사회는 고대에서 중세 사회로 넘어갑니다.

간다라 미술

기원전 2~5세기경 고대 인도 북서부 간다라 지방에서 발달한 그리스·로마 풍의 불교 미술 양식으로 동서 교류에 의해 생겨나 서양풍의 요소가 짙은 미술입니다. 간다라 미술은 인도 전통 미술과 질적으로 다른 조각 위주의 불교 미술로 처음으로 불상을 만들어 보편화시켰습니다. 이에 영향을 받은 중앙아시아, 중국, 우리나라 등에서 불상 중심의 불교 미술이 발달하게 되었습니다.

굽타 미술

기원전 4~6세기경 굽타 왕조 때 성행한 미술 양식으로 서양풍의 간다라 미술과 달리 인도 고유의 미술 양식을 따랐습니다. 대표작으로 아잔타 석굴 벽화가 있습니다.

황토로 만들어진 황허 문명

기원전 2500년 경에 중국의 황허 강 유역에서 발생한 황허 문명 또는 중국 문명은 서양에 비해 약 천 년의 세월이 차이가 납니다. 4대 문명 중 가장 막내인 셈입니다. 하지만 황허 문명은 4대 문명 중에서 현재까지 이어지는 유일한 문명입니다.

황허라는 강 이름은 강물이 누런색이라서 붙었습니다. 강물이 누런 이유는 멀리 시베리아에서 날아온 황토가 황허 유역에 쌓였기 때문입니다.

하지만 황토는 사람들이 농사를 짓는 데에는 무척 고마운 존재였습니다. 농작물을 자라게 하는 영양분을 많이 함유하고 있을 뿐 아니라 알갱이가 고와서 농기구들이 발달하지 않은 상황에서 그 당시 땅을 쉽게 일굴 수 있었기 때문입니다.

황허 근처의 사람들은 다른 지역의 사람들보다 훨씬 농사를 잘 지을 수 있었고 더 많은 수확을 올릴 수 있었습니다. 그래서 자연

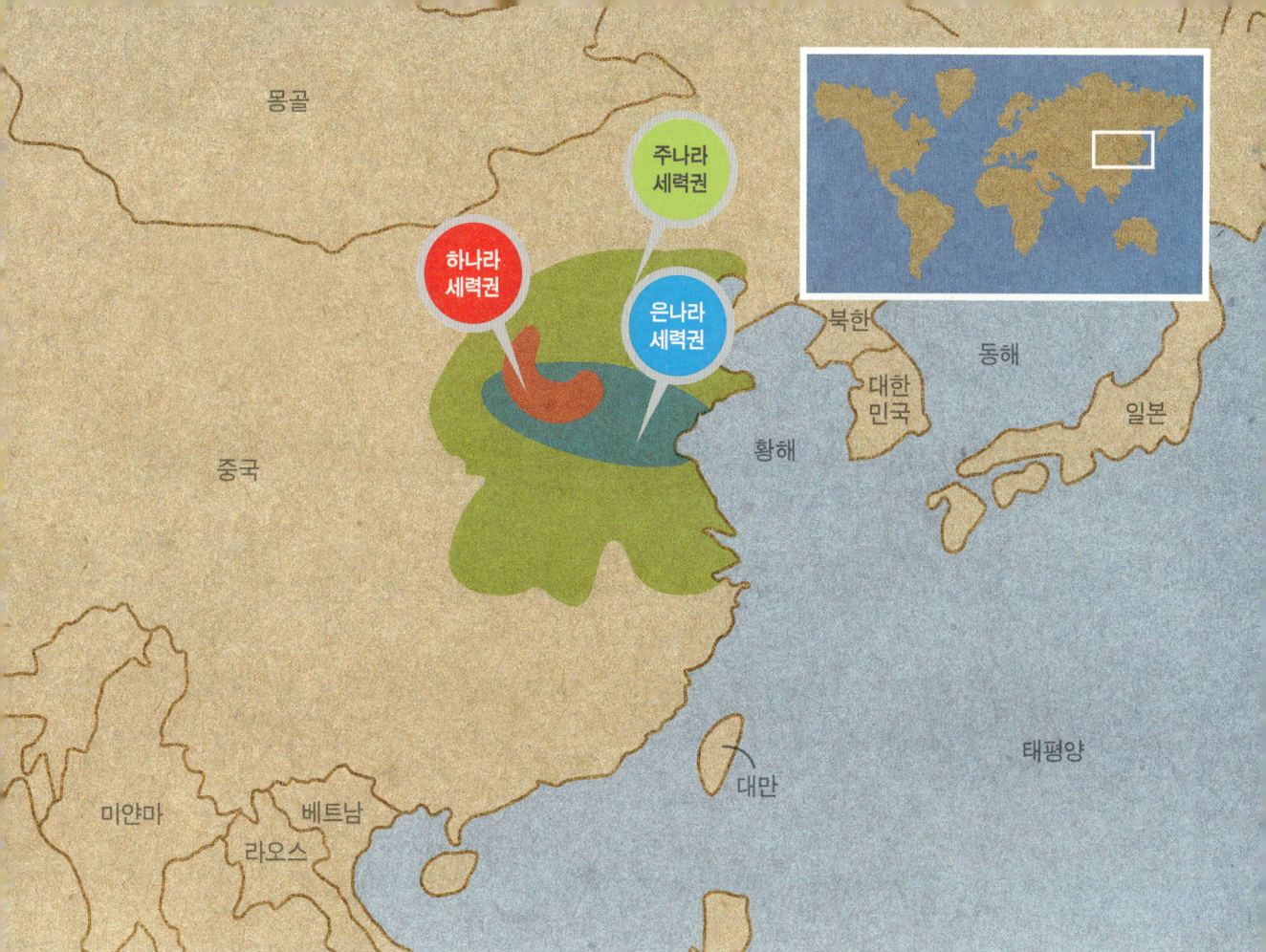

황허를 중심으로 세워진 고대 중국 왕조

스럽게 이 지역에서 문명이 발달할 수 있었던 것입니다. 이 지역 사람들 또한 다른 문명의 사람들처럼 신석기 시대에 가축을 기르고 농사를 지었으며 토기를 만들어 사용했고 돌과 짐승의 뼈로 농기구를 만들어 썼습니다.

전설 속의 왕조, 요순 시대

옛 중국에는 세상을 다스리는 여덟 명의 임금이 있다는 전설이 전해 옵니다. 그들을 '3황 5제'라 부르고, 가장 살기 좋았던 시대를 요순 시대라 일컫습니다. 요순 시대는 이들 중 일곱 번째

한자의 토대가 된 갑골 문자
상나라 때 거북이 등껍질이나 짐승의 뼈에다 하늘에 묻고 싶은 것을 적은 다음 짐승의 뼈를 뜨거운 불 위에 올려놓고 그것이 갈라지는 모양을 살펴 점을 쳤습니다. 이런 동물의 뼈에 남아 있는 글자를 가리켜 갑골 문자라 합니다.

임금인 요임금과 여덟 번째 임금인 순임금의 이름을 따서 만든 시대입니다.

요임금은 검소하여 초가집에서 살며 백성을 사랑으로 다스렸다 전해집니다. 그래서 요 시대에는 백성들이 살기 좋아 배불리 먹으며 요임금을 칭송하는 노래가 중국 전역에 울려 퍼졌다고 전합니다. 순임금 역시 요임금과 마찬가지로 어진 정치를 했다고 합니다. 특히 순임금은 요임금 때부터 골칫거리였던 홍수 문제도 해결했다고 합니다. 그래서 요순 시대라는 말은 어진 임금 밑에서 백성들이 태평성대를 누린다는 뜻으로 사용되기도 합니다.

우리가 쓰는 한자말 '정치(政治)'에서 '치(治)'자에는 물을 다스린다는 뜻이 담겨 있습니다. 순임금이 홍수를 잘 다스렸다는 말은 그가 정치를 매우 잘했다는 뜻이기도 합니다.

기록이 시작된 중국 역사의 시작

중국의 옛 역사책에 의하면 중국 최초의 나라는 하나라입니다. 하지만 하나라가 실제로 존재했는지는 알 수 없습니다. 순임금은 아들 우가 홍수를 조절하는 데 공을 세워 백성들을 편안하게 해주었기에 그를 자신의 후계자로 삼아 하나라로 이름을 붙여 주었다고 합니다. 하지만 하나라의 존재를 입증해 줄 유물은 아직 발굴되지 않았습니다. 물론 황허 유역에서 궁전이나 청동기 유적이 발굴되어 기원전 2000년 경에 국가가 있었던 것은 짐작할 수 있지만 그것이 하나라 것인지는 명확하지 않습니다.

갑골 문자
거북이 등껍질에 새겨진 갑골 문자입니다.

하나라는 상나라에 의해 망합니다. 상나라는 270여 년 동안 이어지다 주나라에게 멸망합니다. 상나라는 보통 은나라로 부르기도 하는데 이는 상을 멸망시킨 주나라가 상을 낮추어서 부르기 위해 수도 이름을 따서 은나라로 불렀기 때문입니다. 상나라는 은허에서 유적지가 발견되면서 전설 속의 나라가 아니라 실제로 존재했던 나라임이 증명되었습니다.

상나라가 망하는 데 큰 역할을 한 사람은 바로 상나라의 마지막 왕인 주왕이었습니다. 그는 백성들의 삶은 돌보지 않고 날마다 술을 마시며 방탕한 생활을 한 폭군이었습니다. '주지육림'이란 말은 주왕의 이야기에서 유래되었습니다. 주지육림(酒池肉林)이란 술로 연못을 만들고 안주로 쓸 고기를 나무에 걸어

숲을 만든 모습을 말합니다. 오늘날 나쁜 왕이나 관리들이 백성을 돌보지 않고 못된 행동을 일삼는 것을 주지육림이라고 합니다. 이렇게 상나라가 폭군에 의해 기울어 가자 그 주변에 있던 주나라가 상나라를 공격했고 600여 년을 이어온 상나라는 무너졌으며 결국 주왕은 자살하고 말았습니다.

춘추 시대의 임치
중국 춘추 시대의 도시인 임치의 모습을 복원해서 만든 모형입니다. 춘추 시대에는 수많은 영웅들이 중국의 여러 지방에서 나라를 만들어 전쟁을 벌였습니다.

봉건 제도, 제후들이 지방을 다스리다

상나라를 멸망시킨 주나라 왕은 넓은 땅을 다스리는 것이 쉽지 않다는 것을 알았습니다. 그래서 수도 주변의 땅은 자신이 직접 다스리고 멀리 떨어진 지방은 친척이나 믿을 만한 신하를 대신 보내 다스리는 방법을 사용했습니다.

이렇게 왕 대신 다스리는 사람을 제후라 했는데, 제후는 그 지역의 통치자가 되었습니다. 통치자가 되는 대신 지역의 특산물과 세금 등을 왕에게 바치고 왕이 요청할 경우 군대를 보내야 했습니다. 이처럼 왕은 수도의 주요 부근을 다스리고 먼 지방에는 자신과 가까운 사람을 보내 다스리게 하는 것을 봉건 제도라 합니다.

춘추 전국 시대, 사상과 인재가 넘쳐 나다

주나라는 기원전 771년, 견융족의 침입으로 유왕이 죽게 되고, 유왕의 뒤를 이은 평왕은 주나라의 수도를 낙읍으로 옮깁니다. 주나라의 수도가 낙읍으로 옮겨진 때부터 진나라가 천하를 통일할 때까지를 춘추 전국 시대라 합니다.

주나라의 왕실이 낙읍으로 옮겨지고 왕의 힘이 약해지자 각지의 제후들은 자신이 왕이라면서 들고일어납니다. 제후들은 왕을 두려워하지 않고 서로 치열하게 전쟁을 벌이며 영토를 넓히고 더 큰 힘을 갖기 위해 싸웠습니다. 초기에는 제후국이 약 140개에 이르렀지만 나중에는 일곱 개의 강대국으로 정리가 됩

소진과 장의

혼란스러운 전국 시대의 뛰어난 인재로 소진과 장의가 있습니다. 소진은 가장 강한 진나라를 상대하기 위해서는 전국 7웅 중 나머지 여섯 나라가 합쳐 진을 상대해야 한다는 합종책을 주장했습니다. 소진의 의견을 받아들여 나머지 여섯 나라의 동맹이 이루어지고 15년간 중국에 평화가 찾아오게 됩니다. 그런데 진의 신하였던 장의는 진의 천하 통일을 위해 지혜를 짜냈습니다. 진나라에 다른 나라들이 복종하게 하면 나라를 안전하게 유지하게 해 주겠다는 방책을 생각해 낸 것입니다. 결국 장의의 작전을 받아들이기로 한 진나라는 다른 나라들을 계속 설득하기 시작했고 결국 여섯 나라는 서로의 동맹을 깨게 되었습니다. 그리고 곧 진과 여섯 나라는 각각 동맹을 맺게 됩니다. 이처럼 여섯 나라가 서로 뭉치지 않고 각자 흩어지자 진나라는 동맹을 맺은 여섯 나라를 무너뜨린 다음 천하 통일을 이루어 냅니다.

니다. 진, 초, 제, 한, 휘, 조, 연이 그것인데 이를 '전국 7웅'이라 합니다.

이처럼 제후들이 서로 싸우는 상황이 되자 제후들은 자신을 전쟁에서 승리하게 하고 나라를 부강하게 해 줄 인재들을 찾기 시작했습니다. 이런 혼란스러운 상황에서 수많은 사상가와 학파가 나타났는데 이를 '제자 백가'라 합니다.

유가(공자의 사상과 학설을 따르고 연구하는 학자나 학파)의 공자와 맹자는 도덕과 예절을 강조하여 왕은 어질게 백성을 다스려야 한다고 가르쳤습니다. 묵가(묵자의 사상과 학설을 따르고 연구하는 학자나 학파)의 묵자는 전쟁을 그만두고 경제적 차별을 없애 모두가 사랑하며 하늘의 뜻을 따르는 나라를 만들어야 한다고 했습니다. 법가의 상앙, 한비자, 이사는 법을 철저히 따르고 지배자의 마음대로가 아닌 엄격한 법을 정해 그것을 지켜야 춘추 전국 시대의 혼란이 끝난다고 주장했습니다. 도가의 노자와 장자는 세상이 혼란스러운 것은 인간이 억지로 무언가를 하려 하기 때문이며, 자연처럼 인간 상태도 흐르는 그대로 두는 것이 좋다고 주장했습니다.

이 중에서 진나라는 상앙의 법가 사상을 중심으로 개혁을 추진했습니다. 백성들이 법을 잘 지킬 수 있도록 다섯 집씩 묶어 서로를 감시하게 하고 죄를 지은 자를 숨겨 주는 이에게는 엄한 벌을 내렸습니다. 농사를 잘 지은 사람이나 전쟁에서 공을 세운 사람에게는 상을 주었습니다. 진나라가 이러한 제도를 시행하자 백성들은 열심히 농사를 짓고 세금 역시 잘 내게 되어 나라의 힘이 강해졌습니다. 이를 바탕으로 진나라는 결국 천하를 통일하게 되었습니다. 그리고 중국 최초로 통일 국가를 만든 진나라의 왕은 자신을 황제라 불렀습니다.

시황제의 천하 통일, 한나라의 유방

'정'은 천하를 통일한 진나라의 왕입니다. 중국 최초로 통일 제국을 세운 정은 자신의 위엄을 높이기 위해 최초의 황제라는 뜻으로 '시황제'라 자신을 부르도록 했습니다. 그때부터 황제는 중국의 모든 왕조에서 임금을 부르는 정식 호칭이 되었습니다. 그리고 '왕'은 좀 더 작은 국가의 임금을 부를 때 쓰는 말이 되었습니다.

천하 통일을 이룬 시황제는 영토의 통일뿐만 아니라 다른 많은 것들도 다 하나로 만

『삼국지』

황건적의 난으로 사회가 혼란한 틈을 타고 화북에서 조조, 강남에서 손권, 사천에서 유비가 각각 세력을 키웠습니다. 『삼국지』는 이 세 명의 영웅이 천하를 차지하기 위해 서로 다투는 이야기를 유비와 그의 부하 제갈량, 관우, 장비를 주인공으로 해서 쓴 소설책입니다. 『삼국지』의 원래 이름은 『삼국지통속연의』입니다.

진시황릉
진시황의 무덤은 1974년, 수천 개의 흙 인형과 전차, 수레 등이 묻혀 있는 대규모의 지하굴 일부가 발견되면서 그 모습을 드러냈습니다.

들어 나가기 시작합니다. 각 제후국마다 차이가 있던 길이나 무게의 단위를 다시 만들었고, 문자를 통일하였으며, 중국 전역을 다닐 수 있는 도로도 새로 놓았습니다. 이런 정책을 통해 황제 중심의 중앙 집권제를 강화하고 봉건 제도를 없애 버렸습니다. 왜냐하면 제후들이 지방을 다스리는 봉건제 사회에서는 반란이 일어날 수 있기 때문입니다. 대신 시황제는 중국을 총 서른여섯 개 군과 여러 개의 현으로 나눈 뒤 황제의 명령을 따르는 관리를 보내 다스리는 군현제를 실시합니다.

하지만 시황제는 제도를 바꾸고 모든 기준들을 하나로 통일하는 과정에서 여러 어려움에 부딪히게 됩니다. 그래서 시황제는 엄격하게 법을 적용하는 법가 사상을 바탕으로 강력하게 정책들을 추진합니다. 그러나 다른 사람들이 이런 시황제를 비판하자 시황제는 기술 서적 이외의 여러 책들을 불태워 버리고 학자들을 산 채로 땅에 묻어 버립니다. 이를 분서갱유라고 하는데, 당시의 책은 지금처럼 종이 형태가 아니라 대나무로 만들어진 책이었습니다.

청동 마차
구체적이고 사실적인 말의 모습과 화려한 말 장식품이 인상적입니다. 진시황이 가진 권력은 이토록 정교하고 아름다운 작품들 수만 개를 자신의 무덤에 넣어 둘 정도로 강력했습니다.

시황제의 큰 업적 중 하나는 몽염이라는 장군으로 하여금 흉노족을 북쪽으로 쫓아내게 한 뒤 흉노족이 다시 진나라로 넘어오는 것을 막기 위해 국경 지대에 성벽을 쌓은 것입니다. 이 성벽은 길이가 만 리가 넘는다 하여 만리장성이라 합니다. 만리장성은 진시황 이후에도 계속 만들어져 지금도 중국에 가면 사람들이 꼭 찾아보는 곳이 되었습니다. 만리장성은 규모나 길이가 거대해서 달에서 지구를 바라보면 확인할 수 있는 유일한 건축물이라고 합니다. 이처럼 중국을 하나의 국가로 통일해서 천하를 다스리던 시황제가 죽자 시황제를 반대하던 이들이 들고일어났습니다. 그들 가운에 항우와 유방에 의해 진나라가 무너지게 됩니다.

기원전 206년, 항우와 유방은 초나라 왕의 명령으로 진나라의 수도 함양을 공격하게 됩니다. 초나라 회왕은 누구든 함양을 점령하는 자를 관중 지방의 왕으로 삼겠다고 했고 이에 유방은 먼저 함양을 점령합니다. 그러나 자신보다 네 배나 군사가 많은 항우 때문에 유방은 관중의 왕이 될 수 없었습니다. 결국 항우가 관

진시황 병마용
병마용은 진시황의 무덤을 지키는 병사들입니다. 수많은 흙인형의 얼굴 표정이 같은 게 하나도 없다 하여 신기함을 더하고 있습니다.

중의 왕이 되었고, 유방은 서쪽 변두리에 있던 한중과 파촉의 땅을 다스리게 됩니다. 유방은 한중에서 세력을 키워 기원전 202년에 전쟁을 일으킵니다. 항우와 유방은 4년간 격렬하게 다투었고 결국 항우는 유방에게 패하여 자살하게 됩니다. 이 치열한 두 사람의 성장과 전쟁을 그린 소설이 유명한 『초한지』입니다.

유방은 곧 한나라를 세웁니다. 하지만 진나라가 어떻게 망했는지를 보았기 때문에 다른 정책을 실시합니다. 유교를 국교로 하고 유능한 학자들이 나라를 위해 일할 수 있도록 제도를 정비합니다. 이후 한나라는 오랫동안 중국을 다스려서 중국인들의 문화 깊숙이 자리 잡습니다. 그래서 현대에도 중국의 문자를 한자라고 하고 중국에서 사는 사람들을 한족이라 부르고 있습니다.

이렇듯 흥했던 한이 멸망하게 된 계기는 바로 황건적의 난 때문입니다. 한나라 말기에 환관(내시)과 외척(왕비의 친척)의 다툼이 크게 일어나 정치가 불안정해집니다. 거기에 홍수와 가뭄이 계속 발생하여 백성들의 삶이 위태롭게 됩니다. 이런 혼란스러운 때를 타고 장각이 이끄는 태평도라는 종교가 크게 번성하였습니다. 결국 태평도가 반란을 일으키는데, 이들이 누런 두건을 썼다 하여 '황건적의 난'이라 불리게 됩니다. 황건적의 난은 8개월 만에 진압되었지만 장각이 죽은 이후에도 반란은 끊이지 않고 일어나 결국 한나라는 멸망하고 맙니다.

동서 무역로, 비단길

한나라에게 중앙아시아 지역은 잘 모르는 곳이었습니다. 한나라 무제는 중앙아시아 지역에 여러 나라들이 번창한다는 소식을 듣고 많은 물자와 인원을 들여 중앙아시아 지역까지 가는 안전한 길을 만듭니다. 이 길을 실크로드, 즉 비단길이라고 부릅니다. 아주 오래전에는 상인들이 물건을 들고 팔러 다니면 이를 노리는 도적떼가 있었기 때문에 먼 곳까지 안전한 길을 만든다는 것은 굉장히 힘든 일이었습니다.

한무제가 만든 비단길은 중국과 중앙아시아, 서아시아를 잇고 점점 발전하여 유럽까지 연결하는 무역로가 되었습니다. 이 비단길을 통해 중국에서 서아시아로 전해진 비단은 배를 타고 유럽의 로마까지 팔려 나가게 됩니다. 비단 외에도 중국의 인쇄술, 화약, 종이 제조법이 이슬람과 유럽으로 전해졌고, 반대로 이슬람, 유럽, 중앙아시아의 여러 산물들도 중국으로 전해지게 되었습니다. 마늘, 포도, 수박, 호두, 낙타 등이 중국으로 들어왔고 유럽의 그리스도교, 서아시아의 조로아스터교, 중동의 이슬람교, 인도의 불교 등도 비단길을 따라 중국에 전해졌습니다.

비단길은 지금처럼 잘 정돈된 길이 아니라 사막, 고원, 산맥 등 여러 험난한 곳을 통과해야 하는 길이었습니다. 그래서 마실 물과 휴식할 공간이 있던 오아시스는 비단길을 통해 짐을 나르는 상인들에게는 꼭 필요한 곳이었습니다.

이처럼 상인들이 쉬어 가는 오아시스에 그들을 대상으로 여러 편의를 제공해 주면서 돈을 버는 사람들이 모이게 되었고 이렇게 사람들이 모여들면서 자연스럽게 도시가 만들어졌습니다. 상인들은 오아시스 도시에서 서로 물건을 사고팔기도 하고 쉬기도 하면서 여러 곳의 소식도 듣곤 했습니다.

유목 민족과 만리장성

만주에서 몽골 고원, 남러시아에 이르는 유라시아 북부 대륙에는 드넓은 초원 지대가 펼쳐져 있습니다. 이 넓은 땅에서 양, 말 등을 들에 풀어 키우는 유목 민족들은 가축에게 풀을 제공하기 위해 계절에 따라 여러 곳을 옮겨 다니며 살았습니다.

대표적인 유목 민족으로는 스키타이, 흉노, 거란, 돌궐 그리

만리장성
중국이 북방 민족의 침입을 막기 위해 세운 만리장성의 모습입니다.

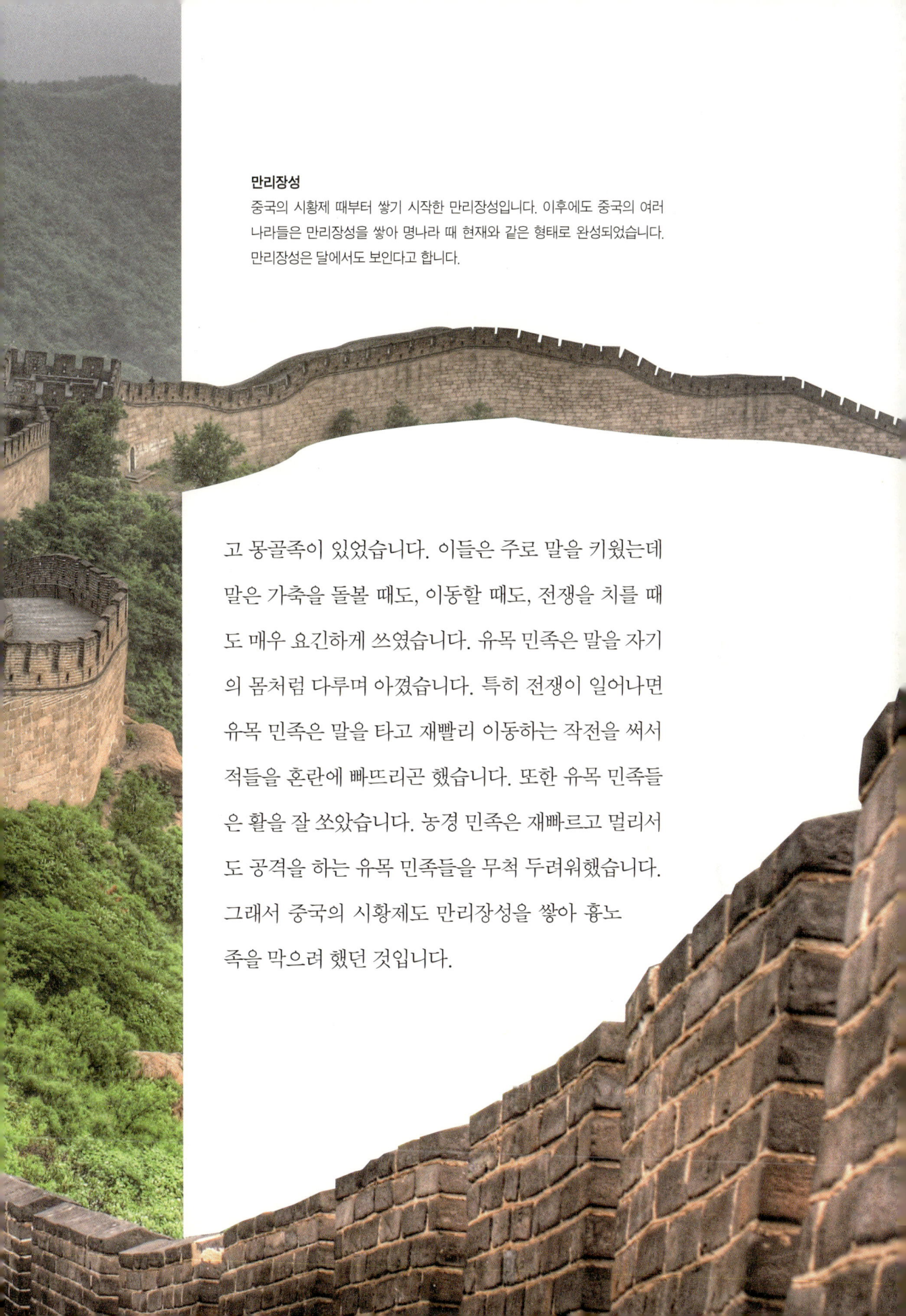

만리장성
중국의 시황제 때부터 쌓기 시작한 만리장성입니다. 이후에도 중국의 여러 나라들은 만리장성을 쌓아 명나라 때 현재와 같은 형태로 완성되었습니다. 만리장성은 달에서도 보인다고 합니다.

고 몽골족이 있었습니다. 이들은 주로 말을 키웠는데 말은 가축을 돌볼 때도, 이동할 때도, 전쟁을 치를 때도 매우 요긴하게 쓰였습니다. 유목 민족은 말을 자기의 몸처럼 다루며 아꼈습니다. 특히 전쟁이 일어나면 유목 민족은 말을 타고 재빨리 이동하는 작전을 써서 적들을 혼란에 빠뜨리곤 했습니다. 또한 유목 민족들은 활을 잘 쏘았습니다. 농경 민족은 재빠르고 멀리서도 공격을 하는 유목 민족들을 무척 두려워했습니다. 그래서 중국의 시황제도 만리장성을 쌓아 흉노족을 막으려 했던 것입니다.

고대 사회 연표

② 나르메르, 상·하 이집트 통일

이집트의 상형 문자입니다. 상형 문자는 사물의 모습을 본따 만든 글자이지만, 이집트의 상형 문자에는 모양을 본뜬 것뿐만 아니라 뜻을 나타내는 문자도 있다고 합니다.

④ 사라곤 1세, 바빌로니아 건국

바빌로니아의 쐐기 문자와 그림이 촘촘히 새겨진 석판입니다. 아주 오래 전에는 이렇게 점토판 위에 그림과 문자를 새겨서 전하고자 하는 내용을 남겼습니다.

⑥ 아브라함, 우르를 떠남

유대인의 으뜸가는 조상, 아브라함이 자신의 고향 우르를 떠나 가나안으로 향합니다.

기원전 3000년

기원전 2300년

기원전 1900년

기원전 3500년

기원전 2500년

기원전 2000년

① 메소포타미아 문명, 이집트 문명 시작

바빌론 아쉬타르 문을 장식한 채색된 부조입니다. 수천 년이 지난 오늘날까지 색이 선명하고 균형이 잘 잡혀 있어 당시 문명의 발달된 모습을 짐작하게 합니다.

③ 황허 문명, 인더스 문명 시작

메소포타미아, 이집트 문명보다 약 1000년 늦게 황허 문명과 인더스 문명이 시작되었습니다.

⑤ 「길가메시 서사시」

길가메시 조각상입니다. 품에 안고 있는 사자가 길가메시 왕의 위엄을 드러냅니다. 「길가메시 서사시」는 길가메시 왕의 업적을 칭송하는 내용입니다.

진시황의 무덤에서 출토된 병사의 흙인형입니다. 크기는 184~197센티미터로 일반 사람보다 더 크게 만들어졌습니다. 죽은 진시황을 지키고자 하는 뜻으로 만들어졌다고 합니다.

8. 사무엘, 사울을 유대의 왕으로 추대

예언자 사무엘은 사울을 유대의 왕으로 세웠습니다.

10. 불교의 탄생

석가모니에 의해 불교가 시작되었습니다. 불교의 가장 기본적이고 중요한 목표는 깨달음을 얻는 것입니다.

기원전 1020년

기원전 500년

기원전 750년

기원전 1000년

기원전 221년

함무라비 법전 편찬

함무라비 법전이 새겨진 돌을 확대한 사진입니다. 쐐기 문자의 모습이 선명합니다. 함무라비 법전은 고대 메소포타미아 지역에서 1000년간 사용되었다 합니다.

9. 메디아 왕국 건립

이란의 북서부에 메디아 왕국이 세워졌습니다. 메디아 왕국은 고대 이란인들이 처음 세운 국가입니다.

11. 진시황, 중국 통일

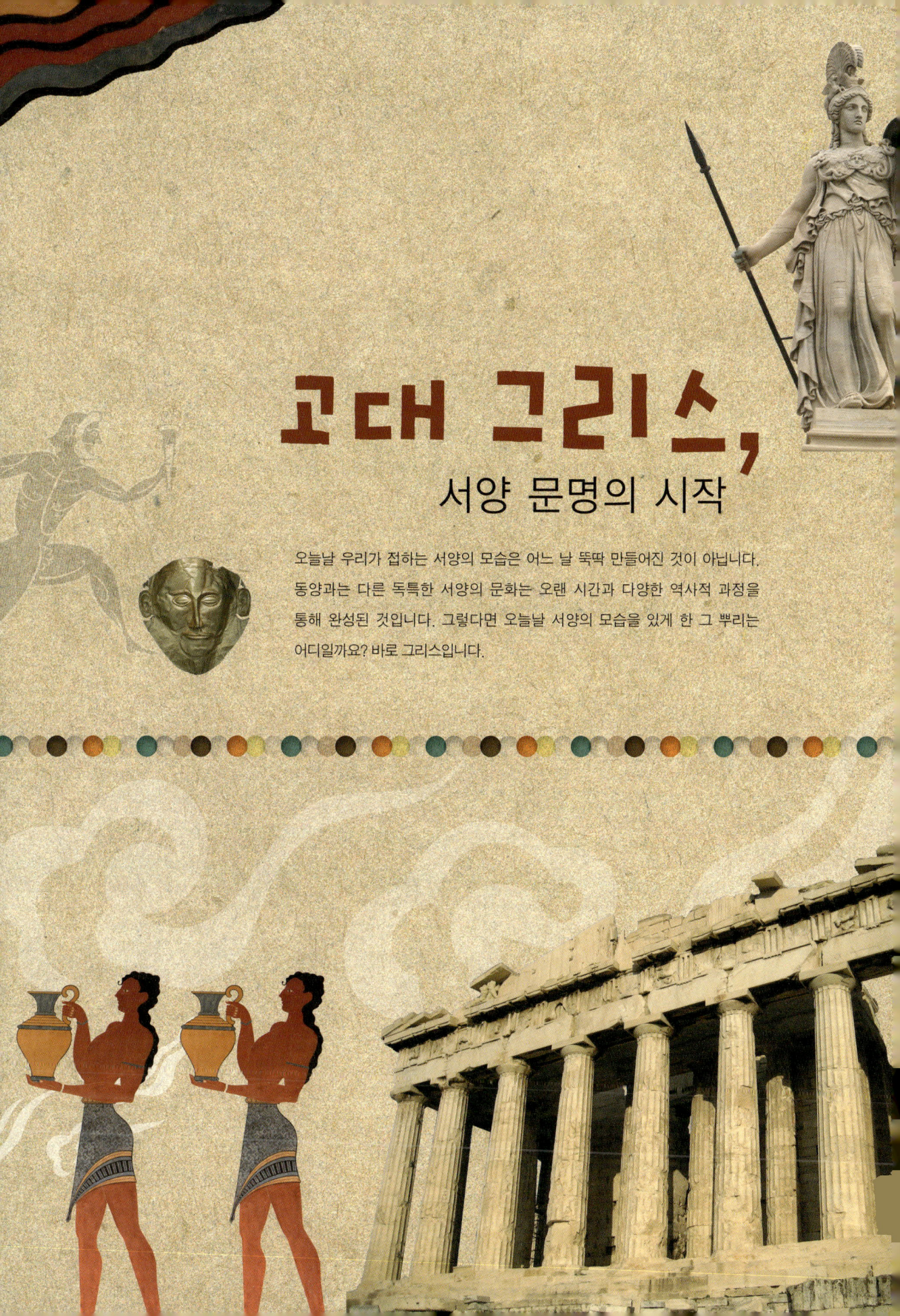

고대 그리스,
서양 문명의 시작

오늘날 우리가 접하는 서양의 모습은 어느 날 뚝딱 만들어진 것이 아닙니다. 동양과는 다른 독특한 서양의 문화는 오랜 시간과 다양한 역사적 과정을 통해 완성된 것입니다. 그렇다면 오늘날 서양의 모습을 있게 한 그 뿌리는 어디일까요? 바로 그리스입니다.

고대 그리스, 서양 문명의 시작

최초의 서양 문명, 고대 그리스 문명

고대 그리스 문명은 오늘날 유럽 문화의 뿌리가 된 최초의 서양 문명입니다. 지금 우리가 누리는 민주주의 제도 역시 고대 그리스에서부터 시작됐습니다. 민주주의라는 정치 제도는 국민이 국가의 주인이며 국가는 국민을 위한 정치를 하는 것을 말합니다. 민주주의는 그리스 초기에 시민권을 가진 남자들이 광장에 모여 중요한 정치적 문제들에 대해 다수결 원칙 따라 직접 투표로 결정하는 것에서부터 시작되었습니다. 이러한 제도를 직접 민주주의라고 합니다. 지금은 이런 제도가 당연한 것으로 생각되지만 그 당시에는 대체로 왕이나 귀족, 신이 곧 국가의 주인이라고 생각하는 것이 오히려 당연했습니다.

물론 고대 그리스에 왕이 없었던 것은 아니지만 그들은 분명 오리엔트 지역이나 동아시아의 왕들과 달랐습니다. 오리엔트 지역을 다스렸던 페르시아의 왕은 선량했지만 세금을 얼마나 낼지, 어떤 나라를 공격할지, 사람들이 지켜야 할 법은 무엇인지 등을 직접 결정했고 백성들은 잘 따르기를 바랐습니다. 하지만 그리스는 달랐습니다.

　그리스 사람들은 모두 같은 언어를 사용하고 같은 신을 섬기고 함께 모여 축제를 즐기기도 했지만 왕 한 사람에게 복종하려고 하지를 않았습니다. 그리스 도시 국가들은 각자 자신들에게 맞는 법과 군대를 가지고 있었고, 서로 다른 생활 방식을 가지고 있었습니다. 그 도시 국가들은 각자가 독립된 하나의 나라였기 때문에 자신들에게 중요한 문제에 대한 결정도 시민들이 참여해서 결정했습니다. 이렇게 고대 그리스는 각기 다른 도시 국가들이 모여 민주 정치를 꽃피우며 성장했습니다. 또 바다를 통한 활발한 해외 진출로 수많은 식민지를 건설하여 지중해 일대가 하나의 역사적 무대가 될 수 있는 바탕도 마련해 놓았습니다.

　이처럼 그리스가 독특한 문화를 바탕으로 성장하여 주변 지역에 식민지를 건설하며 팽창하고 있을 때, 오리엔트 지역에서는 페르시아가 강력한 제국으로 성장 발전하고 있었습니다. 그 결과 두 세력은 지중해 지역에 식민지를 건설하는 문제로 충돌할 수밖에 없었고 마침내 기원전 5세기경에는 동·서양의 주도권 싸움인 페르시아 전쟁이 일어났습니다. 이 전쟁에서 승리한

그리스는 아테네를 중심으로 최고의 황금기를 맞았으며 계속 발전해 나갔습니다.

그 후 그리스 북부에 있던 마케도니아의 왕 알렉산드로스는 그리스 전체를 정복한 뒤 오리엔트로 세력을 넓혀 갔고 이를 통해 그리스 문화는 오리엔트 지방에까지 전해졌습니다. 그 결과 유럽의 문화와 오리엔트 문화가 어우러진 헬레니즘 문화가 생겨났습니다.

오리엔트 문명을 그리스에 전해 준 에게 문명

서양 문명의 최초 발생지가 고대 그리스이긴 하지만 그렇다고 고대 그리스 문명이 저 스스로 혼자 완성된 것은 아닙니다. 앞서 있던 다른 문명을 품어 안아 그 위에 그들만의 독특한 문명을 탄생시켰기 때문입니다. 고대 그리스 문명 탄생에 가장 큰 영향을 준 것은 바로 에게 문명입니다. 그런데 에게 문명 역시 메소포타미아와 이집트 문명의 영향을 받아 탄생한 것입니다. 다시 말하면 주요 고대 문명인 메소포타미아와 이집트 문명 등의 오리엔트 문명은 서쪽으로 이동해서 에게 문명을 탄생시켰고 에게 문명은 그리스 문명 탄생에 영향을 준 것입니다. 그리고 에게 문명을 받아 안은 그리스 문명은 로마로 이어졌으며 로마 문명은 유럽 문명을 탄생시키는 토대가 되었습니다. 또 유럽

에게 해
에게 해는 지금의 그리스, 터키, 크레타 섬으로 둘러싸인 지역을 말합니다.

 문명은 바다를 건너 이동해 아메리카로 이어지면서 오늘날의 서양 문명을 완성해 갔습니다. 물론 이 서양 문명은 태평양을 건너 우리나라에까지 영향을 미치기도 했습니다. 아주 오래전 우리와 동떨어져 아무 관련 없을 것 같은 고대의 문명은 이렇게 긴 세계사의 흐름에 의해 현재 우리 삶에 크고 작은 영향을 미치고 있습니다. 어느 것 하나 현재 우리의 삶과 동떨어진 것이라고 볼 수 없는 것입니다.
 그럼 이제부터 그리스 문명에 가장 큰 영향을 끼친 에게 문명은 어떠했는지 살펴보도록 하겠습니다.

고대 그리스, 서양 문명의 시작

그리스인이 처음부터 그리스에 살았던 것은 아닙니다. 그리스인의 조상은 북쪽 어딘가에 살았고 에게 해 근방에는 펠라스기인이 살았습니다. 그들은 에게 해의 수많은 섬에 흩어져 살았는데 그중 가장 큰 섬은 크레타라는 섬입니다.

이 크레타 섬과 그리스 본토, 소아시아 반도에 둘러싸인 동지중해를 '에게 해'라고 합니다. 그리스 문화가 본격적으로 성장하기 전 크레타를 비롯해 미케네, 트로이 등의 연안 지역에는 펠라스기인이 이미 이룩해 놓은 수준 높은 청동기 문명이 있었습니다. 이 문명은 먼저 발전한 이집트, 메소포타미아 등의 선진 문물을 받아들여 그들만의 문명을 꽃피우고 있었습니다. 서양의 전설이나 신화 속에 남아 있는 크레타, 미케네, 트로이에 관한 이야기들은 모두 이 '에게 문명'에서 나왔다고 보면 됩니다. 에게 문명은 에게 해의 가장 큰 섬이었던 크레타 섬에서 탄생했기 때문에 크레타 문명이라고도 합니다.

크레타는 미노스 왕 때 큰 번영을 누리며 에게 해 전 지역에 그 세력을 떨쳤습니다. 전설에 따르면 미노스 왕은 여러 세력으로 나뉘었던 크레타 섬을 통일하여 다스린 첫 번째 왕이었다고 합니다. 그래서 크레타 섬에서 발달한 크레타 문명을 '미노아 문명'이라고 부르기도 하는데 이는 미노스라는 이름에서 비롯된 것입니다.

크레타인들은 섬이라는 지리적 특징을 이용해 페니키아인들보다 훨씬 빠른 시기에 해양 무역을 발전시켰습니다. 바다로

미케네의 사자문
거대한 돌 위에 사자 모양의 부조를 얹은 미케네 성문입니다. 기원전 1300년경 지어진 이 건물을 통해 미케네의 견고한 건축 기술을 알 수 있습니다.

크노소스 궁전

영국의 고고학자 아서 에번스는 1900년경 신화 속에서 있을 거라 믿어 왔던 미노스 왕의 궁전을 발굴해 냅니다. 궁전 안에는 생활 공간, 제사를 지내는 곳, 회의실 등의 공간이 있었고 크고 작은 방, 극장, 배를 대는 시설, 화장실까지 있었습니다. 더욱 놀라운 것은 궁전 안에서 쓰인 물을 밖으로 내보내는 하수도 시설까지 있었다는 점입니다.

둘러싸여 배가 아니면 무역을 할 수 없었기 때문에 크레타는 세계에서 가장 우수한 배를 만들었고 미노스 왕은 해군을 가진 최초의 왕이 되었습니다. 미노스 왕이 강력한 해군을 키운 것은 크레타 상인들이 다른 나라와 무역을 원활하게 할 수 있도록 보호하기 위해서였습니다. 그 결과 크레타 상인들은 마음 놓고 무역을 했고, 나라는 점점 부강해졌으며, 해군의 힘은 더욱더 강해졌습니다. 크레타의 궁궐에 성벽이 없는 것도 크레타의 해군이 워낙 강해서 침입자들이 섬에 발을 딛기 전에 쫓아버릴 수 있었기 때문입니다. 크레타 문명의 발전된 모습은 크고 화려한 크노소스 궁전을 통해 알 수 있는데, 궁전에는 채광과 배수 시설을 갖춘 800여 개의 방이 있었고 그 안에는 화려한 벽화와 도자기, 금은 세공품이 있었습니다. 이는 해상 무역을 통해 축적된 부를 잘 보여 주는 것입니다. 궁전 벽에 그려진 그림에는 소, 사슴 등의 육지 동물뿐 아니라 돌고래도 있었는데 이 돌고래는 바다를 중심으로 생활한 크레타인들의 문화를 잘 보여 주고 있습니다.

그 후 크레타 문명은 잦은 지진으로 점차 쇠퇴하다 화산이 폭발하면서 섬 전체가 검은 먼지와 재로 뒤범벅이 되었습니다. 그러자 대부분의 사람들은 섬을 떠났고 남은 사람들은 농작물

이 제대로 자라지 않아 먹을 것을 구하기도 쉽지 않게 되었습니다. 시간이 지나자 농작물은 다시 자라기 시작했지만 예전의 영광을 되찾기는 어려웠습니다. 그러자 그리스인이 세운 미케네 왕국은 크레타가 약해졌다는 것을 알고 북쪽에서부터 크레타 섬을 점령하기 시작했습니다. 기원전 1400년경부터 점차 토박이들을 밀어내고 그들을 정복해 들어갑니다. 그리스인은 원래 말을 잘 부렸고 인도·유럽어 계통의 말을 쓰는 유목민이었습니다. 대다수의 유목민들이 그러하듯 그리스인들은 거칠고 호전적이었습니다. 당연히 에게 해의 토박이 펠라스기인은 불만이 컸고, 그리스인들은 펠라스기인의 공격을 막기 위해 성벽을 굳게 쌓았습니다. 이것이 미케네 성문입니다.

이후 미케네 왕국은 앞선 크레타 문명을 흡수하면서 에게 문명의 전성기를 누리게 됩니다. 농사짓는 법을 배웠고 올리브와 포도를 재배하면서 더욱 발전해 갑니다. 미케네 왕국은 결국 크레타 섬을 점령했고 그 후에는 에게 해를 건너 소아시아까지 뻗어 나가 동지중해 일대의 해상 무역을 장악하였습니다. 나중에 그리스 시인 호메로스가 『일리아드』에서 서사시로 쓴 그리스와 트로이가 10년간 벌인 전쟁인 트로이 전쟁 이야기는 바로 미케네 왕국이 팽창 과정에서 일으킨 전투 내용을 담은 것입니다.

미케네 성문 위에 새겨진 두 마리의 용맹한 사자와 거대한 돌로 쌓아올린 성벽은 미케네인들의 호전적인 성격을 잘 보여 주고 있습니다. 그러나 미케네 왕국은 기원전 1200년경 철기 문

크노소스 궁전의 벽화
이 벽화가 남아 있는 크노소스 궁전은 수많은 방과
복도가 미로처럼 복잡하게 설계되어 있습니다.

명을 소유한 그리스 북부 지역의 도리스인에게 멸망하고 말았습니다. 그들이 거침없이 아래로 내려올 수 있었던 것은 철제 무기를 사용해서 청동기를 쓰던 이들이 전투력이 강했기 때문입니다.

도리스인들은 기원전 1200~1100년 사이에 미케네 왕국을 비롯해, 그리스 남쪽에 있던 미케네 문화의 중요한 지역을 거의 다 차지했습니다. 이로써 오리엔트의 영향 아래 발전하던 그리스의 청동기 시대는 막을 내렸습니다. 결과적으로 메소포타미아와 이집트 문명에 영향을 받아 성장한 크레타 문명은 다시 미케네 문명으로 이어졌으며, 이를 아우르는 에게 문명은 오리엔트 문명을 그리스에 전해준 역할을 한 해양 문명입니다. 에게 문명은 또한 크레타, 미케네, 트로이와 관련된 서양의 전설이나 신화의 고향이라고 할 수 있습니다. 찬란한 문명을 꽃피운 그리스 세계는 이러한 에게 문명을 품어 이루어진 것입니다.

트로이 전쟁

트로이 전쟁은 고대 그리스의 영웅 서사시에 나오는 그리스군과 트로이군의 전쟁을 말합니다.

트로이 전쟁의 시작은 불화의 여신 에리스가 남기고 간 황금 사과가 발단이 되었습니다.

바다의 요정 테티스와 펠레우스의 결혼식에 유일하게 초대받지 못한 신이 있었습니다. 바로 불화의 여신 에리스입니다. 불화의 여신을 초대해 잔치를 망치고 싶지 않았기 때문에 초청하지 않은 것이었지만 에리스는 화가 머리끝까지 나서 황금 사과를 결혼식 장소에 몰래 남겨 두고 옵니다. 그 황금 사과에는 '가장 아름다운 여신에게'라는 글귀를 새겨 두었습니다. 이것을 두고 헤라와 아프로디테, 아테나가 서로 자신이 제일 아름다우니 사과를 자신이 차지하겠다고 다투다가 트로이의 왕자인 파리스에게 심판을 맡겼습니다. 세 여신은 모두 파리스의 환심을 사려고 노력했습니다. 헤라는 자신을 선택하면 권력을 주겠다고 하였고, 아테나는 지혜와 명예를 주겠다고 하였으며, 아프로디테는 가장 아름다운 여인을 아내로 맡게 해 주겠다고 했습니다. 고민하던 파리스는 황금 사과를 아프로디테에게 주었고 그 대가로 세상에서 가장 아름다운 여인을 아내로 맞게 되었습니다. 그런데 그 아름다운 여자는 바로 스파르타의 왕비 헬레네였습니다. 결국 스파르타의 왕비가 트로이 왕자 파리스의 유혹에 빠져, 남편을 버리고 트로이로 건너간 사건이 벌어졌습니다.

왕비를 빼앗긴 스파르타 왕 메넬라오스는 그리스에서 가장 강한 나라 미케네 왕국의 왕이자 자신의 형인 아가멤논에게 도와달라고 부탁했습니다.

결국 아내를 빼앗긴 메넬라오스와 그의 형 아가멤논은 그리

트로이의 목마
영화 〈트로이〉에 나왔던 목마의 모습입니다. 그리스군은 거대한 목마를 남기고 철수하는 위장 전술을 펼쳐서 트로이군을 속이는 데 성공했습니다.

서사시

신화, 전설, 국가, 민족, 역사 등에서 의미 있는 주제나 영웅의 업적을 찬양하는 내용을 이야기 형식으로 늘어놓은 장편의 시를 말합니다. 대표적인 서사시가 바로 그리스의 시인 호메로스의 『일리아스』와 『오디세이아』입니다. 이 당시에는 소설이라는 장르도 없었고 역사학이라는 개념도 없었습니다. 그렇기 때문에 입에서 입으로 전해져 오던 영웅을 중심으로 한 모험담이나 역사적으로 중요한 이야기들 대부분이 서사시의 형태로 기록되었습니다.

스 연합군을 이끌고 트로이로 쳐들어갑니다. 트로이 전쟁이 시작된 것입니다.

그리스군의 아킬레우스와 오디세우스, 트로이군의 헥토르와 아이네아스 등 숱한 영웅들과 신들이 얽혀 10년 동안이나 계속된 이 전쟁은 오디세우스의 계책 덕에 그리스군의 승리로 끝났습니다. 그리스군은 거대한 목마를 남기고 철수하는 위장 전술을 폈는데, 여기에 속아 넘어간 트로이군은 목마를 성 안으로 들여 놓고 축배를 들며 승리의 기쁨에 취하였습니다. 새벽이 되어 목마 안에 숨어 있던 오디세우스 등이 빠져 나와 성문을 열어 주자 그리스군이 쳐들어와 트로이 성은 함락되었습니다. 이렇게 트로이의 찬란했던 문화도 잿더미가 되어 버리고 말았습니다. 여기서 비롯된 '트로이의 목마'는 외부에서 들어온 요인에 의하여 내부가 무너지는 것을 뜻하는 말로 쓰이게 되었습니다.

이 전쟁에 얽힌 흥미로운 이야기는 고대인들의 상상력을 자극하여 수많은 영웅 서사시로 만들어졌습니다. 그중에서 뛰어난 문학성을 인정받은 호메로스의 『일리아스』와 『오디세이아』 만이 후세에 전해졌으며, 이 전쟁과 관련된 이야기를 소재로 하여 수많은 예술 작품이 탄생했습니다.

한편 고대에는 이 전쟁의 역사적 사실성에 대해서 의심하지 않았으나, 19세기의 비판적 역사 연구에서는 허구적인 신화로 여겨져 오랫동안 사람들은 이 이야기가 그저 신화로 전해 내려오는 만들어 낸 이야기라고 생각했습니다. 그런데 이 트로이 전쟁이 사실이라고 믿은 사람이 있었습니다. 바로 하인리히 슐리만이었습니다. 그는 1870년부터 트로이 유적지를 발굴함으로써 두 나라 사이에 충돌이 있었다는 역사적인 증거를 얻게 되었고 트로이 전쟁이 실제 있었던 일이라는 것도 밝혀냈습니다.

호메로스
『일리아스』와 『오디세이아』를 쓴 그리스의 위대한 서사시 작가 호메로스의 조각입니다. 호메로스의 이야기는 서양 문학의 시작점으로 수천 년이 지난 지금까지 전해지고 있습니다.

그리스인의 삶의 공동체, 폴리스

에게 문명은 사라졌지만 그리스에는 마을과 마을이 모여 작은 나라들이 생겨났고 또 새로운 문화도 싹트기 시작했습니다. 기원전 850년, 고대 그리스 사람들은 산맥으로 가로막힌 골짜기나 해안의 오목한 들판마다 '폴리스'라고 부르는 작은 도시 국가들을 세웠습니다. 높은 산과 섬이 많고 해안선이 복잡해서 지역 간 교류가 쉽지 않았기 때문에 큰 나라가 아닌 작은 도시 국가, 즉 폴리스가 생겨난 것입니다. 이 도시 국가들은 면적도 좁

고대 그리스, 서양 문명의 시작

고 인구도 얼마 되지 않은 작은 나라였습니다.

앞서 나온 트로이 전쟁에서 트로이와 싸운 그리스 군은 바로 여러 폴리스에서 온 사람들로 이루어진 연합군을 말합니다. 폴리스는 보통 작은 도시 국가라고 보면 되는데 도시 하나가 독립적인 주권을 갖고 있는 독립 국가였습니다. 폴리스들은 또 저마다 고유한 이름을 갖고 있는데 아테네, 스파르타, 테베, 이오니아 등이 대표적인 폴리스입니다.

폴리스의 시민들은 폴리스 중심부인 '아크로폴리스' 언덕에 신전을 세우고 자기들을 지켜 주는 신을 모셨습니다. 그 언덕 아래에는 아고라라는 광장이 있었는데 거기서는 장사를 하거나 시민들이 모여 나라의 중요한 일들을 의논했습니다. 시민이면 누구나 나라의 중요한 일을 결정하고 투표하는 일에 참여할 수 있었습니다. 이것을 직접 민주 정치라고 합니다.

폴리스 외곽은 넓은 농촌 지역으로 포도나 올리브 등의 농사를 지었습니다. 이런 폴리스들이 200개쯤 모여 이룬 나라가 그리스입니다. 기원전 8세기 후반부터 그리스인들은 활발하게 해외로 진출했습니다. 그들은 지중해·흑해 연안 지역에 식민지들을 만들어 나가며 곳곳에 폴리스를 세웠고 그 결과 그리스의 폴리스는 1,000여 개 이상으로 늘어났습니다. 하지만 그것은 어디까지

올리브와 올리브 기름
폴리스 시절부터 그리스인들은 올리브 농사를 지었고, 올리브 기름을 만들었습니다. 오늘날 올리브 기름은 건강식품으로 전 세계 많은 사람들의 사랑을 받고 있습니다.

나 폴리스라는 작은 공동체가 늘어났을 뿐이었고, 정치적으로 통일을 이룬 그리스 대제국이 건설된 것은 아니었습니다. 하지만 그들은 독립적인 주권을 누리면서도 같은 말을 썼고, 제우스를 비롯한 올림푸스 산의 12신에 대한 신앙이 같았기 때문에 항상 하나의 공동체라는 생각을 가지고 있었습니다.

그런 정신은 4년에 한 번 제우스의 신전이 있는 올림피아에서 열렸던 큰 축제에서 찾아볼 수 있습니다. 축제 행사 중 하나로 운동 경기가 열렸는데 이것이 바로 오늘날 국제 올림픽의 기원입니다.

축제에 참가할 수 있는 사람은 그리스 시민뿐이었습니다. 따라서 축제는 그리스 민족이 힘을 합하는 데 중점이 되었고, 다른 한편으로는 외국 세력이 쳐들어왔을 때 그리스인의 힘을 모아 주는 역할을 했습니다.

폴리스

폴리스의 뜻은 '보호하기 위한 벽'입니다. 벽으로 둘러싸인 마을을 폴리스라고 했습니다. 그러다 폴리스가 발전하면서 성벽을 넘어서까지 폴리스의 해당 지역이 확대되었습니다. 마을 중심에는 신전이 있는 아크로폴리스와 시장 기능을 하는 아고라가 있었습니다. 폴리스에 사는 시민들은 모두 같은 권리를 누리며 정치에 참여했고 폴리스를 방어하는 군사적인 일도 했습니다.

그리스 신화

신화는 신들이 등장하는 이야기입니다. 고대 그리스인들이 남긴 신들의 이야기가 곧 그리스 신화입니다. 이 그리스 신화는

포세이돈 신전
이탈리아 나폴리 외곽에 있는 포세이돈 신전입니다. 이 신전은 헤라에게 바치기 위해 만들어졌다고 합니다.

나중에 로마 신화를 만나 그리스 로마 신화로 완성됩니다. 대부분의 신화는 그 나라와 민족의 정당성을 증명하기 위해서 하늘의 자손, 즉 신의 선택을 받았다는 긍지를 갖기 위해 만들어집니다. 그러다 보니 대부분의 신화는 지나치게 엄격하여 가까이 하기에는 너무 멀리 있습니다. 그러나 그리스 로마 신화는 이와 달리 신으로서의 거대한 능력은 부여받았지만, 행동이나 감정에 있어서는 인간과 같은 모습을 그대로 보여주고 있습니다. 그들은 고통받고, 질투하고, 싸우는 모습까지 인간의 모습을 닮아 있습니다. 그래서 그리스 로마 신화는 신들의 이야기이면서도 마치 사람들의 이야기를 듣는 것처럼 느껴집니다.

그리스 신화에 등장하는 열두 명의 신은 올림포스 산 꼭대기에 있는 궁전에서 살았다고 합니다. 12신은 제우스, 헤라, 포세이돈, 아테나, 아폴론, 아르테미스, 아프로디테, 헤파이스토스, 아레스, 헤르메스, 데메테르, 헤스티아입니다. 사람들은 그들이 각각 맡은 역할에 따라 바다, 신, 대지, 하늘 등을 다스리며 자연과 세상을 지배한다고 믿었습니다. 그래서 그리스인은 사회적으로나 도덕적으로 크고 작은 문제가 생길 때, 신의 뜻이 어떠한지 물어보는 의식을 행했습니다. 그런 신의 뜻을 '신탁'이라고 하고, 그리스인들은 많은 문제들을 신탁에 따라 해결하려 했습니다.

12신 중에서 제우스는 최고 권력을 가진 신들의 왕이었습니다. 제우스는 신들의 왕일 뿐만 아니라 인간의 왕이며 아버지라

그리스 로마 신화

고대 그리스의 폴리스들이 망한 뒤 문명의 중심은 로마로 옮겨졌는데, 그때 그리스 신화도 로마로 전해졌습니다. 로마 신화는 대부분 그리스 신화를 이어받아 나름의 이야기를 덧붙이고 버무려서 만들어졌으며 신들의 이름도 로마식으로 바꿀 뿐이었습니다. 그래서 그리스 로마 신화가 되었습니다. 종교로서의 신화는 사라져 버렸지만 그리스 로마 신화는 수많은 문학과 예술로 남아 현대를 사는 우리들에게 깊은 영감을 주고 있습니다.

고 여겨졌습니다. 제우스 신은 구름 위에 높이 솟은 올림포스 산 꼭대기에 살면서 나쁜 짓을 한 인간이나 적에게 번개를 던져 벌을 내렸습니다. 헤라는 제우스의 아내로 모든 여신 중에 으뜸이자 결혼과 가정의 여신이었습니다.

포세이돈은 바다의 신입니다. 제우스의 동생이기도 한 포세이돈은 바다와 강을 지배하며, 손에는 항상 끝이 세 갈래로 갈라진 창을 들고 있습니다. 그는 백마가 끄는 마차를 타고, 바다짐승을 거느리며 달립니다.

아테나는 전쟁의 여신이자 지혜와 정의의 여신이고 또 공예의 여신이기도 합니다. 갑옷을 입고 무기를 든 채 제우스의 머리에서 태어난 아테나는 백성들에게 실을 뽑고 옷감을 짜는 법을 가르쳐 주었습니다. 또한 아테나 여신은 학문과 예술의 신이기도 합니다.

아폴론은 제우스와 여신 레토의 아들입니다. 아폴론은 예언, 시와 음악, 활쏘기의 신이며, 태양의 신이기도 합니다. 그래서 구름을 뚫고 쏟아지는 햇살을 아폴론이 쏜 황금 화살이라고 합니다.

아르테미스는 제우스와 여신 레토의 딸인데, 아폴론과 쌍둥이로 태어났습니다. 달의 여신이자 은빛 활을 들고 사냥을 즐기며, 결혼하지 않은 처녀들을 보호하는 신입니다.

아프로디테는 사랑과 아름다움의 여신으로, 모든 여신 중에서 가장 아름답다고 합니다. 헤파이스토스는 불과 대장장이의 신이며, 아프로디테의 남편입니다.

아레스는 전쟁의 신입니다. 제우스와 여신 헤라 사이에 태어난 아들인데, 아레스는 피를 보며 살아야 하므로 늘 싸움만 합니다.

헤르메스는 신들의 심부름꾼입니다. 또 장사꾼과 목동, 도둑 등을 지켜주는 신이기도 합니다. 제우스와 여신 마이아의 아들인 헤르메스는 머리에 날개 달린 모자를 쓰고, 날개 달린 신을 신었으며, 뱀이 감긴 지팡이를 가지고 다닙니다.

데메테르는 온갖 곡식의 여신으로 농사가 잘 되도록 지켜 줍니다. 헤스티아는 부뚜막과 아궁이의 여신이며 처녀 신으로서 가정의 행복을 지켜 줍니다.

그 밖에도 그리스 신화에 나오는 신들은 굉장히 많습니다. 하지만 신 중의 왕 제우스가 부르면 어느 신이든지 달려가야 합니다. 올림포스

아테나 여신상
창과 방패를 들고 있는 아테나 여신은 지혜의 여신이며 그리스의 도시 아테네를 보호하는 수호신이기도 합니다.

델포이 신전

그리스 중부 포키스 지방 파르나소스 산의 남쪽 기슭에 있는 델포이 신전의 모습입니다. 델포이 신전은 기원 전 2000년 경 대지의 신 가이아에게 제사를 올리던 곳이었으나 기원전 9세기부터 태양신 아폴론의 신탁을 받는 곳이 되었습니다.

의 신전 큰 방에서는 밤마다 잔치가 열리는데, 신들은 이때 우주에서 벌어지는 온갖 일을 이야기합니다.

또 신들은 악기를 연주하고 춤도 추고 노래도 불렀습니다. 신들은 황금 신을 신고 어디든지 바람처럼 날아다녔습니다. 그러나 그들도 인간처럼 사랑하고 미워하고 싸우며 살았습니다.

그리스 로마 신화는 인류의 위대한 정신 문화 중 하나로 꼽힙니다. 인간 중심의 학문과 예술을 되살린 서양 문화의 밑바탕에는 모두 그리스 로마 신화가 있습니다. 그래서 그리스 로마 신화를 이해하는 것은 서양 문화의 바탕을 이루는 거대한 뿌리를 이해하는 것입니다.

신 중의 신, 제우스의 흉상
제우스는 번개를 들고 다니며 날씨를 다스릴 뿐만 아니라 세상의 질서와 정의를 유지하는 신입니다.

전사의 도시 스파르타와 민주주의의 도시 아테네

그리스의 여러 폴리스들이 항상 사이가 좋았던 것은 아닙니다. 서로 주도권을 잡으려고 경쟁하고 싸울 때도 많았습니다. 그 대표적인 폴리스가 아테네와 스파르타였습니다. 여러 폴리스 중에서도 아테네와 스파르타는 세력이 가장 강했습니다. 하지만 두 도시 사람들의 생활방식은 완전히 달랐습니다.

스파르타는 시민들에게 혹독한 군사 훈련을 시켰습니다. 스파르타는 도리아인들이 그리스의 원주민을 정복하고 세운 나

스파르타 전사의 모습
화려한 투구와 우람한 근육이
그들의 용맹을 잘 보여 줍니다.

라라서 도리아인들로 구성된 시민들은 그 수가 원주민에 비해 훨씬 적었습니다. 그래서 시민들은 자신들의 힘이 약해지면 언제든 정복당한 원주민들이 반란을 일으킬 수 있다고 생각했기 때문에 혹독한 훈련을 통해 모든 남자들을 병사로 만들었고 여자들 또한 스파르타의 강한 병사를 낳기 위해 강해져야 했습니다.

몸이 불편하거나 허약한 아이가 태어나면 들판에 버렸으며 건강한 아이들만 일곱 살까지 부모 곁에서 자랄 수 있었습니다. 아이들은 일곱 살이 되면 부모를 떠나 군사 교육을 받기 시작했습니다. 강한 정신과 체력을 키우고 갖가지 전쟁 기술을 배우는 것입니다.

이렇듯 스파르타의 아이들은 강인한 병사가 되기 위해 어려서부터 철저하고 지독한 교육을 받았습니다. 또한 강인한 전사를 길러 내기 위해 사람들의 출생에서 사망까지 모든 것을 국가가 통제했습니다.

여기에서 '스파르타식 교육'이라는 말이 생겨났습니다. 원래는 국가가 직접 나서서 엄격하게 진행하는 교육을 말하는데 오늘날에는 엄한 규율 아래 강제로 뭔가를 하게 하는 경우에 빗대어 많이 사용합니다.

스파르타는 이런 강인하고 뛰어난 전사들의 활약으로 이웃 나라를 겁에 떨게 했고 기원전 7세기 말경에는 그리스의 대부분을 점령하기도 했습니다. 하지만 그 힘이 계속 가지는 못했습니다.

이런 스파르타와 너무나 대조적인 폴리스가 바로 아테네입니다. 스파르타 사람들은 왕의 명령에 무조건 복종해야 했지만 아테네 사람들은 민주주의를 원했습니다. 아테네 시민들은 도시 운영에 참여하기를 바랐기 때문에 새로운 법을 만들 때마다 시민들이 그 법에 찬성할 것인지 말 것인지를 투표할 수 있었습니다. 또한 세금을 얼마나 낼지, 전쟁을 할지 말지도 시민 투표로 결정했습니다. 이런 투표를 제대로 하려면 세금과 법, 그리고 도시 운영 같은 것을 배워야 했기에 아테네 사람들은 학교에 다녔습니다. 하지만 스파르타처럼 전쟁 기술을 배우는 것이 아니라 글을 배웠고 법과 세금, 수학과 음악, 정치 등에 대해 배웠습니다. 이들이 교육을 중요하게 여긴 것은

스파르타의 계급

스파르타의 주민은 도리아인과 그 후손으로 이루어진 시민 계급, 정복당해서 노예가 된 원주민 헬롯, 그리고 페리오이코이라는 반자유인, 이렇게 세 계급으로 나누어져 있었습니다. 자유롭게 정치에 참여할 수 있는 계급은 시민 계급이었으며 정치는 귀족들이 주도했습니다. 스파르타의 왕은 두 명이었는데, 단지 형식적인 왕일 분이었고 실질적인 정치 권력은 다섯 명의 감독관이 갖고 있었습니다.

그리스의 시민

그리스 시민의 의미는 지금 시민의 의미와는 좀 다릅니다. 그리스의 민주 정치는 모든 시민 남자가 정치에 참여하는 직접민주 정치였습니다. 그러나 여자나 외국인, 노예 등은 시민에서 제외되었습니다.

도편 추방제에 사용된 도자기 파편
도편 추방제는 아테네 민주주의의 상징인 제도입니다. 독재자가 될 가능성이 있다고 생각하는 사람을 도자기 파편 즉, 도편에 적어 냈습니다. 이 투표 결과 6,000표 이상 나온 사람을 10년 동안 해외로 추방시켰는데, 이를 도편 추방제라 합니다.

플라톤의 이야기에 잘 드러나 있습니다. 플라톤은 민주주의에는 교육 받은 사람이 필요하며 그렇지 못하면 폭군에게 지배당하게 될 것이라고 했습니다. 아테네의 교육에서 알 수 있듯이 아테네 사람들은 민주주의를 위해 현명하고 교양 있는 사람이 되어야 한다고 생각했습니다.

하지만 처음부터 평민들이 정치에 참여하는 민주 정치가 이루어진 것은 아닙니다. 아테네도 처음에는 왕에서 귀족 지배로 바뀐 뒤 오랫동안 귀족으로 구성된 복수의 집정관이 다스리는 정치 구조였습니다. 하지만 해안가에 위치한 아테네는 일찍부터 바다를 통해 상업 활동을 하면서 많은 돈을 벌었고 차츰 평민들 중에도 장사로 돈을 많이 번 사람들이 생겼습니다. 그들은 무기를 구입해 전투에 참가하기 시작했고 전쟁에 이길 때마다 이들의 목소리는 커져 갔습니다. 그들은 점차 정치에 참여하길 원했고 재산을 많이 가진 사람들을 중심으로 정치 참여의 기회를 얻게 되었습니다. 그 후 그들의 세력이 점차 커지자 귀족과 평민의 대립은 커져 갔습니다. 두 세력의 대립을 해결하기 위한 다양한 노력과 개혁을 통해 많은 평민들이 자신들도 정치에 참여해야 한다는 생각을 하게 됐으며, 평민들의 권리를 향상시키는 제도도 만들어졌습니다. 시민들 모두가 참석하는 회의, 즉 민회에서 나라의 중요한 일을 결정할 수 있도록 하고, 민회에서 뽑은 대표들로 평의회를 구성해서 나라의 중요한 문제를 제기할 수 있게 했습니다. 나라의 일을 맡아서 하는 집정관이나 재판을 담당하는 재판관을 뽑을 때는 추첨을 하거나 돌아가면서 공평하게 한 번씩 했습니다. 시민이 참여하는 정치는 그냥 주어진 것이 아닙니다. 아테네 시민은 오랜 시간에 걸친 요구와 싸움, 협상과 타협을 통해 직접 정치에 참여할 수 있게 되었습니다. 이렇게 하여 그리스의 민주 정치가 시작된 것입니다.

아테네의 정치는 행정, 군사를 담당하는 최고 관직으로 아홉 명의 집정관과 전쟁이나 예산, 국가의 중요한 일을 결정하는 최고 기관인 민회가 중심이었는데 평민들도 민회에 참석하여 나라의 중요한 일을 결정할 수 있었습니다. 나라를 운영하는 행정 기관인 집정관과 재판을 담당하는 재판관도 처음에는 귀족 중심이었으나 점차 평민들도 관직을 맡을 수 있게 되었습니다.

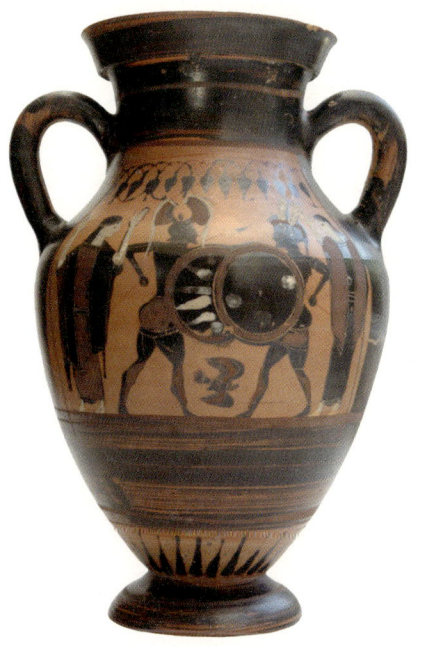

고대 그리스 꽃병
그리스 전사들의 모습을 담은 고대 그리스 꽃병입니다.

고대 그리스, 서양 문명의 시작

그리스 세계의 승리로 끝난 페르시아 전쟁

현대의 민주 정치와 닮은 점, 다른 점

모든 일을 직접 결정하는 아테네의 민주 정치를 직접 민주 정치라고 부릅니다. 현대 국가들은 영토가 넓고 인구가 많기 때문에 한곳에 모일 수가 없습니다. 그리고 사회가 너무 복잡해서 모든 일을 함께 결정하기도 어렵습니다. 그렇기 때문에 시민을 대표해서 시민의 의사를 전달해 줄 사람들을 선거로 뽑아 대신 정치를 하도록 하고 있습니다. 그래서 현대 민주 정치를 간접 민주 정치라고 부릅니다.

아테네가 이렇게 성장하는 사이 오리엔트 지역에는 페르시아가 성장하고 있었습니다. 페르시아인들이 세계 최대제국을 세웠던 것입니다. 오리엔트에서 세력을 확장시킨 페르시아가 소아시아 일대 및 그리스 식민지까지 진출하여 차례로 점령해 나갔습니다. 이에 아테네를 중심으로 한 그리스의 폴리스들은 군대를 보내서 그들의 식민지를 도왔는데, 페르시아의 다리우스 1세는 이를 구실 삼아 기원전 5세기 초 세 차례에 걸쳐 그리스 본토로 원정군을 보내 그리스를 공격했습니다. 이것이 바로 페르시아 전쟁

입니다. 하지만 이 전쟁은 아테네를 중심으로 똘똘 뭉친 그리스인들의 저항에다 폭풍까지 겹쳐서 실패하고 말았습니다. 이 전쟁에 있었던 세 번의 전투가 그 유명한 마라톤 전투와 살라미스 해전, 플라타이아이 전투입니다.

먼저 마라톤 전투는 그리스의 마라톤 평원에서 싸운 전투를 말합니다. 그 당시 페르시아 군은 2만여 명이었지만 아테네가 포함된 그리스 연합군은 페르시아의 반 정도 밖에 되지 않았습

니다. 하지만 연합군은 뛰어난 전술로 승리하게 되었습니다. 아테네의 한 병사가 이 승리의 소식을 가슴 졸이며 기다리고 있을 시민들에게 전하기 위해 무려 41.6킬로미터나 되는 거리를 한 번도 쉬지 않고 달려왔습니다. 그리고 그는 "우리가 승리했다!"고 외쳤습니다. 하지만 그는 이 말 한 마디를 전하고 그만 숨을 거두고 말았습니다.

조국의 승리를 조금이라도 빨리 전해 주려 했던 한 병사의 뜻을 기리기 위해 바로 '마라톤' 경기가 열리기 시작했습니다. 이것이 오늘날 최장거리 경주인 마라톤의 기원입니다.

결국 다리우스 1세가 그리스를 이기지 못한 채 세상을 떠나자 그의 아들 크세르크세스 1세는 아버지의 못다 이룬 꿈을 완성하기 위해 그리스 원정길에 오릅니다.

기원전 480년, 크세르크세스는 30만 명의 군대를 이끌고 그리스를 공격했습니다. 이 소식을 듣고 그리스에서는 스파르타를 중심으로 연합군을 조직했습니다. 그리고 마케도니아 해안 가까이에 있는 좁은 골짜기인 테르모필레에서 페르시아 군대를 막아 내기로 했습니다. 당시 아테네를 이끌던 테미스토클레스는

고대 그리스 전사
건장한 그리스 전사의 모습입니다.

이곳이 엄청난 수의 페르시아 군대를 막는 데 가장 적합한 장소라고 생각했습니다. 페르시아군은 그리스를 공격하기 위해서는 반드시 테르모필레를 지나가야 했습니다. 하지만 거대한 군대가 좁은 골짜기를 쉽게 빠져나가기는 어려웠습니다. 이 골짜기를 빠져나가려고 하면 어느 순간 그리스 군대가 공격을 퍼부었기 때문입니다. 페르시아는 테르모필레를 한발도 벗어나지

테르모필레 협곡의 모습
페르시아가 두 번째로 그리스를 침공할 당시 테르모필레 협곡에서는 사흘 넘게 전투가 벌어졌습니다. 이 좁은 협곡에서 그리스 연합군은 7일 동안 페르시아를 막았지만, 결국 페르시아의 승리로 전투는 끝났습니다.

못하고 있었습니다. 그런데 그때 대장에게 야단을 맞은 그리스 병사 한 명이 페르시아 군대를 찾아가 그리스 연합군을 공격할 수 있는 약점을 알려 주어 버렸습니다. 페르시아 군대는 그 병사가 알려준 대로 그리스 연합군을 앞뒤로 막아서게 되었습니다. 결국 페르시아는 아테네까지 진격했고 아테네 시민들과 연합군은 살라미스 섬으로 후퇴했습니다. 페르시아 군사는 아테네에 불을 지르고 곧 육지와 바닷길로 군대를 나누어 아테네 시민들이 숨어 있는 살라미스 섬으로 향했습니다. 이에 그리스 연합군은 마지막 최후의 결전지로 살라미스 해협을 택해 그리스 해군의 힘을 보여 주기로 했습니다.

살라미스 해협에서는 치열한 전투가 벌어졌습니다. 결국 살라미스 해전은 아테네를 중심으로 한 그리스 연합군의 승리로 돌아갔습니다. 아테네 해군이 주력이 되어 싸운 두 차례 전쟁의 승리로 아테네는 자신들이 하는 민주 정치에 자신을 갖게 되었습니다. 또 테르모필레 전투와 살라미스 해전을 통해 군사로 활동하는 평민들뿐만 아니라 노를 젓는 데 한몫했던 빈민들의 발언권이 커지면서 정치에 참여할 수 있는 참정권이 확대되습니다. 이후 그리스는 모두가 정치에 참여할 수 있는 민회를 구성하게 되었고, 민회를 중심으로 한 민주 정치는 더욱 발전하고 철저해졌습니다.

세 번째 전투는 기원전 479년 아테네에서 북동쪽으로 50킬로미터 떨어져 있는 플라타이아이 평원에서 벌어진 플라타이

아이 전투입니다. 그리스 군은 살라미스 해전에서 큰 승리를 거둔 뒤였기 때문에 자신감이 넘쳤습니다. 그리스 연합군의 총사령관은 스파르타의 파우사니아스가 맡았고, 그는 총 3만 명의 군사를 지휘했습니다. 결국 승리는 그리스 군에게 돌아갔고 20여 년 동안 세 번에 걸쳐 일어난 전쟁은 페르시아의 패배로 끝나게 되었습니다. 그 결과 아테네는 지중해 해상권을 빼앗고 지중해의 강자로 떠오르게 됩니다.

아테네 민주 정치의 황금기, 페리클레스 시대

세 번의 전쟁에서 승리하기는 했지만 페르시아군이 언제 또다시 쳐들어올지는 알 수 없었습니다. 또한 페르시아의 지배를 벗어난 그리스 식민지 도시들을 보호할 필요도 있었습니다. 그리하여 기원전 478년, 아테네를 중심으로 '델로스 동맹'이 맺어졌습니다.

델로스 동맹에 가입한 여러 폴리스는 군함이나 군사를 보내야 했습니다. 그것이 여의치 않으면 그만큼 돈을 냈습니다. 대부분의 폴리스들은 돈을 냈고 그러다 보니 아테네 해군은 날이 갈수록 강해졌습니다. 당시 아테네의 지도자였던 페리클레스는 델로스 섬에 모아 둔 돈을 안전하게 지켜야 한다는 이유로

금고를 아테네로 옮겨 왔습니다. 그런 한편, 페르시아와는 화해 조약을 맺었습니다. 이 조약으로 페르시아는 육군을 보내 여러 식민지를 점령하는 대신 절대 해군을 이끌고 에게 해로 돌아오지 않겠다는 약속을 했습니다.

이제 페르시아와 전쟁을 치를 일이 없어졌으니 델로스 동맹은 필요 없게 되었지만 페리클레스는 계속 돈을 거두었고 그 돈은 아테네를 재건하는 데 썼습니다. 그는 폴리스 운영에 참가한 사람들에게 돈을 지급하고 가난한 사람들도 정치에 참여할 수 있도록 했습니다. 유명한 파르테논 신전도 이때 건설한 것입니다. 그 덕분에 아테네의 문화는 비약적으로 발전할 수 있었습니다. 그래서 이 시기를 아테네 민주 정치의 황금 시대라고 합니다. 민주 정치는 더 발전하고 경제적 번영은 절정에 이르렀으며 문화는 눈부시게 발전해 아테네는 그리스의 학문과 예술의 중심지가 되어 여러 나라에서 학자와 예술가들이 모여들었습니다. 아테네인 중에서도 소크라테스나 플라톤 등의 학자가 배출되었고 또 파르테논·에레크테이온 등의 신전 건립이 성행하였으며 조각·회화 등의 미술도 꽃을 피웠습니다.

페리클레스
그리스 아테네의 박물관에 있는 조각상으로, 페리클레스는 아테네를 최강국으로 이끈 지도자입니다.

전차 경주
고대 올림픽의 한 종목이었던 전차 경주의 모습을 새겨 넣은 벽입니다. 고대 올림픽에는 남성들만 출전할 수 있었으며 모든 선수는 발가벗고 경기에 참가했습니다. 여성들은 관전조차 금지되었다고 합니다.

아테네는 그리스 제1의 해군국으로서 델로스 동맹 도시들 사이에 정치적·경제적·군사적으로 강력히 군림하였기 때문에 이 시대를 '아테네 제국 시대'라고도 부릅니다. 또 이때 아테네에서 독재적인 권력을 가졌던 사람은 페리클레스였기 때문에 이 시대를 '페리클레스 시대'라고도 합니다.

아테네를 몰락시킨 펠로폰네소스 전쟁

델로스 동맹의 주도권을 잡은 아테네 세력이 지나치게 커지자 스파르타를 포함한 다른 폴리스들이 반발하여 펠로폰네소스 동맹을 맺고 아테네를 상대로 전쟁을 일으켰습니다. 이를 펠로폰네소스 전쟁이라고 부릅니다. 델로스 동맹을 거느리는 아테네와 펠로폰네소스 동맹의 중심인 스파르타 사이에 벌어진 이 전쟁은 27년 동안 계속된 긴 전쟁이었습니다. 결국 스파르타 쪽이 승리해 아테네를 점령했습니다.

아테네의 도시는 파괴되었고, 델로스 동맹은 겨우 열두 척의 함대만 남았습니다. 결국 펠로폰네소스 전쟁을 승리로 이끈 스파르타가 그리스의 주도권을 잡게 되었습니다. 하지만 이 전쟁을 통해 폴리스 간 분열은 더욱 심해졌고 그 결과 테베가 스파르타와의 싸움에서 승리하게 되었습니다. 하지만 테베도 그리스의 주도권을 잡을 만큼 힘을 갖고 있지는 못했습니다. 이렇게 하여 그리스는 중심을 잃어버린 채 통일을 이루지 못하고 서로 싸우며 지쳐갔습니다. 그러자 이 틈을 타 그리스인들이 야만인이라고 우습게 여겼던 그리스 북쪽에 있는 마케도니아가 새로운 세력으로 떠올랐

투키디데스
펠로폰네소스 전쟁에 장군으로 참여했던 투키디데스의 흉상입니다. 그는 전쟁 후 아테네로 돌아와 『펠로폰네소스 전쟁사』라는 역사서를 썼습니다. 그는 역사 서술에 있어 신의 개입을 인정하지 않고 원인과 결과에 따라서만 분석하고 엄격한 기준으로 자료를 수집하여 과학적 역사관을 만든 사람으로 인정받고 있습니다.

그리스의 아테네
중앙에 파르테논 신전이 있고 저 멀리 지중해의 모습도 보입니다. 아테네는 3400년이 넘는 세월 동안 전쟁과 파괴 등 여러 가지 일을 겪었지만 오늘날까지 그리스의 수도로서 오랜 역사를 자랑하고 있습니다.

습니다. 결국 그리스 세계는 북쪽에서 쳐들어온 마케도니아에게 멸망하고 맙니다.

서양 문화의 원류가 된 그리스 문화

그리스인들은 인간의 이성과 감성을 모두 중시하는 폴리스의 자유로운 시민 생활을 바탕으로 철학, 역사, 과학은 물론 종교, 예술, 문학들을 발달시켰습니다.

그리스의 조각과 건축은 그리스 예술의 백미입니다. 그리스의 조각상은 마치 살아 움직이는 듯 생동감이 넘치고 정교하며 건축 또한 웅장함과 아름다움이 뛰어납니다. 유명한 파르테논 신전에서는 우아함과 꾸미지 않은 소박함을 동시에 느낄 수 있습니다.

'역사학의 아버지'라 불리는 헤로도토스는 소아시아 출신으로 그리스·이집트·시리아·소아시아 등 여러 곳을 둘러본 뒤 아홉 권의 역사책을 썼습니다. 그중 가장 유명한 것이 바로 『페르

파르테논 신전
아테네 여신에게 바치기 위해 지어진 이 신전은 그리스의 건축 기술과 조각 예술이 집대성된 매우 중요한 건축물입니다. 파르테논 신전은 아테네 민주 정치의 상징이자 세계적으로도 위대한 건축물로 인정받고 있습니다.

고대 그리스어를 새긴 석판 석판에서 새겨진 문자들은 지금도 쓰이고 있습니다.

시아 전쟁사』입니다. 헤로도토스는 그리스인 최초로 과거의 사실을 서사시가 아닌 학문의 대상으로 삼은 사람으로 역사학의 시초가 되었습니다.

문학에서는 서사시인 호메로스, 노동을 예찬한 헤시오도스, 여류 서정 시인 사포, 3대 비극 시인인 아이스키로스와 소포클레스, 에우리피데스, 희극 시인 아리스토파네스 등이 명작을 남겼습니다.

철학의 등장

이전 시대의 인간은 천둥, 번개, 홍수, 가뭄 같은 자연 현상들을 설명하기 위해 신화를 만들어 냈습니다. 천둥의 신 제우스, 태양의 신 아폴론, 바다의 신 포세이돈 등이 그 예입니다. 신화를 통해 인간은 자연을 이해하고 자연의 섭리를 거스르지 않기 위해 노력했던 것입니다. 하지만 인간의 지식이 점차 늘어나면서 신화를 통한 설명을 믿는 이들은 줄어들었습니다.

신화의 역할을 대신해 등장한 것이 바로 철학입니다. 철학에서는 세상의 모습을 세상 안의 것들로 설명하기 위해 노력합니다. 최초의 철학자로 알려진 탈레스는 '모든 것은 물로 이루어져 있다.'라고 주장했습니다. 신화에서는 이 세계의 탄생과 변화가 신들의 마음과 행동에 따라 이루어진다고 설명하는 반면 철학에

그리스에서 가장 높은 올림포스 산
그리스인들은 이 산을 보며 신들의 여러 모습을 상상하고 그것을 신화로 남겼습니다. 올림포스 산의 높이는 해발 2,919미터입니다.

서는 이 세계를 신 빼고 설명하려 합니다.

이처럼 세계를 이해할 때 종교 및 신화를 통한 접근이 아니라 인간의 이성을 바탕으로 한 합리적인 이해를 시도한 최초의 사람들이 바로 철학자들입니다. 이들이 탈레스, 데모크리토스 등의 철학자들인데 이들은 우주가 물, 불, 흙, 공기, 원자 등으로 구성되었다고 주장했기에 자연 철학자라 부릅니다.

기원전 5세기부터는 자연 철학자들과는 달리 '인간'을 연구하는 철학자가 나타났습니다. 유명한 세 명의 철학자로 소크라테스, 플라톤, 아리스토텔레스를 들 수 있습니다.

복원한 고대 그리스의 문서
고대 그리스에서는 지금 우리가 보는 것 같은 책이 아니라 얇게 썬 나무에 글을 써서 돌돌 말았다가 펴 보는 모양의 책을 만들었습니다.

민주 정치가 발달한 아테네에서는 민주 정치의 필수적인 요소인 토론과 대화가 중요해지자 수사학과 웅변술을 가르치는 소피스트들이 나타났습니다.

소피스트가 등장한 시기는 그리스가 페르시아 전쟁에서 승리한 뒤 큰 번영을 누린 때이기도 합니다. 아테네의 상류층은 물질뿐 아니라 정신적인 면에서도 풍요로움을 누렸습니다. 그런 사회 분위기는 점차 다른 계층에까지 확대되었고 교양 수준, 의회나 법정에서의 연설에 대한 중요성이 날로 커져 갔습니다.

소피스트는 '지혜로운 자' 혹은 '현명하고 신중한 사'를 뜻하는 그리스어에서 유래한 말입니다. 본래는 현자나 시인, 장인,

철학자들을 존중하는 의미로 사용되었던 말이었습니다. 그러다가 웅변술과 철학을 설파하는 교사의 강연이 인기를 누리면서 교육자를 뜻하는 말로 뜻이 점차 바뀌었습니다. 그들은 여러 도시들을 여행하며 사람들에게 지식과 웅변술을 가르치고 돈을 받았습니다.

최초의 소피스트라 불리는 프로타고라스는 "인간은 만물의 척도이다."라는 말을 남겼습니다. 또 소피스트들은 사회 문제에도 관심이 많아 노예 제도를 없애자고 주장하거나 인간의 자유와 권리를 더욱 인정해야 한다고 주장하기도 했습니다.

소크라테스
"너 자신을 알라." 는 격언으로 유명한 그리스의 철학자입니다.

소크라테스

소크라테스는 세계 4대 성인이자 고대 그리스의 철학자입니다. 아테네에 살면서 많은 제자들을 교육시켰는데, 플라톤도 소크라테스의 제자 중 하나입니다. 그러나 소크라테스의 가르침이 그리스 신들이 남긴 가르침과 일치하지 않고 젊은이들을 현혹한다 하여 소크라테스는 재판을 받고 결국 사형에 처해집니다.

소크라테스는 고대 그리스의 유명한 말을 인용해 '너 자신을 알라.'고 이야기했습니다. 이 이야기는 당시 아테네 사람들에게 자기 스스로가 무엇을 모르는지 깨닫고, 잘 산다는 것이 무엇인가를 알기 위해 노력하라는 뜻이었습니다. 소크라테스가 직접 쓴 책은 없지만 그의 제자인 플라톤과 플라톤의 제자인 아리스토텔레스가 쓴 책에 소크라테스의 사상이 잘 나타나 있습니다.

플라톤

플라톤은 소크라테스의 제자이자 고등 교육 기관을 세운 사람이기도 합니다. 플라톤은 아테네에 젊은 사람들을 가르칠 수 있는 '아카데미'라는 것을 세웠는데 이것이 오늘날 대학의 시작이었습니다. 아카데미란 그리스 신화에 나오는 아테네의 영웅 아카데모스의 이름에서 따온 것입니다.

플라톤은 아카데미에서 청년들에게 철학을 가르치는 한편 철학 연구도 계속했습니다. 아카데미 입구에는 '기하학을 모르는 학생은 입학할 수 없음'이라는 표지판이 세워져 있었습니다. 기하학은 수학의 한 분야입니다. 플라톤은 수학을 모르고서는 철학을 할 수 없다고 주장했습니다.

플라톤
서양 철학에 그 누구보다 큰 영향을 미친 플라톤의 모습입니다.

아카데미에 들어온 학생은 수업료를 내지 않아도 됐습니다. 많은 사람이 플라톤을 도왔기 때문입니다. 아카데미는 날이 갈수록 유명해졌습니다. 심지어 외국에서도 공부하러 오는 학생이 있을 정도였습니다. 플라톤이 자랑하는 제자이지 훗날 유명한 철학자가 된 아리스토텔레스도 열여덟 살 때 스파르타에서 건너와 아카데미에 입학한 학생이었습니다.

플라톤이 쓴 책 『국가』는 위대한 철학자가 왕이 되어 나라를 다스린다면 그곳이 살기 좋은 나라라고 하는 내용입니다.

플라톤이 쓴 「국가」의 파피루스 사본
플라톤은 이 책을 통해 정의와 이상적인 사회란 어떤 사회인가에 대해 이야기했습니다.

아리스토텔레스

아리스토텔레스는 플라톤의 이상주의를 현실에서 구현하고자 철학에 과학을 결합시켰습니다. 그는 논리학, 윤리학, 정치학, 생리학, 동물학 등 여러 가지 학문의 기초를 세워 만학의 아버지라 불렸으며, 중세 스콜라 철학과 근대 과학의 발달에 큰 영향을 끼쳤습니다.

아리스토텔레스
아리스토텔레스는 고대의 모든 학문을 집대성했으며 그의 학문 탐구 방법과 내용은 중세까지 유럽 사회에 영향을 미치게 됩니다.

〈아테네 학당〉
16세기 초에 라파엘로가 그린 작품으로 로마 바티칸궁 서명실의 벽화입니다. 이 작품에는 모두 쉰네 명의 위대한 철학자와 수학자, 천문학자들이 그려져 있습니다. 그림 중앙에서 하늘을 가리키는 사람이 플라톤이고, 플라톤 오른편에 서서 땅을 가리키는 사람이 그의 제자 아리스토텔레스입니다.

고대 그리스 연표

1 트로이 전쟁 일어남

고대 그리스의 청동 투구와 방패입니다. 투구와 방패는 전쟁터의 화살과 각종 무기들로부터 병사들을 보호하기 위해 만들어졌습니다.

기원전 1200년

3 로물루스, 로마 건국

로물루스와 레무스가 늑대에게서 젖을 받아먹는 동상입니다. 둘은 어릴 적에 테레베 강에 버려졌으나 무사히 성장하여 로마를 건국하게 됩니다.

기원전 753년

5 아시리아, 오리엔트 통일

히타이트를 물리치고 세워진 아시리아는 북부 메소포타미아, 이집트, 아나톨리아를 지배하는 거대제국으로 성장합니다.

기원전 670년

기원전 850년

2 그리스, 폴리스 형성

멀리서 본 아크로폴리스의 모습입니다. 고대 그리스의 폴리스에서 최초의 시민 개념이 탄생했습니다.

기원전 750년

4 페니키아인, 카르타고 건국

카르타고는 현재 아프리카 튀니지 일대에 있던 페니키아인의 고대 도시입니다.

로마 공화정 말기에 개혁을 주장한 그라쿠스 형제의 어릴 적 모습 조각상입니다. 그라쿠스 형제는 가난한 사람을 돕는 여러 가지 개혁을 실시하려 했지만 끝내 실패하고 맙니다.

9 델로스 동맹 결성

페르시아 전쟁에서 승리한 아테네를 중심으로 델로스 동맹이 결성됩니다. 이를 통해 아테네는 지중해의 강자로 자리매김하게 됩니다.

7 로마, 공화정 실시

기원전 508년

기원전 478년

기원전 586년

기원전 492년

기원전 470년

6 바빌론 유수

유다 왕국이 멸망하여 유대인들이 바빌로니아의 수도 바빌론에 포로로 50년 동안 잡혀가게 됩니다.

8 다리우스 왕, 페르시아 전쟁 시작

10 철학자 소크라테스 탄생

페르시아 전쟁 당시 그리스의 전사인 중장 보병과 페르시아 병사와 맞붙은 장면의 그림입니다. 이 그림은 술잔에 새겨져 있습니다.

플라톤의 제자인 아리스토텔레스의 흉상입니다. 소크라테스는 플라톤을 제자로 두었고 플라톤은 아리스토텔레스를 제자로 두었습니다. 아리스토텔레스는 도덕과 예술, 논리와 과학, 정치와 형이상학을 포함하는 서양 철학의 포괄적인 체계를 세웠습니다.

헬레니즘 시대,
동서양의 만남

지금까지 우리는 선사 시대를 거쳐 세계 4대 문명이 탄생하는 모습을 살펴보았습니다. 각자의 자연 조건과 문화 속에서 발달해 오던 문명들은 헬레니즘 시대에 접어들면서 서로 만나기 시작합니다. 그 서로 다른 문명들은 때론 충돌하고 때로는 흡수·발전하면서 독특한 문명을 발전시켜 나갑니다.

헬레니즘 시대, 동서양의 만남

알렉산드로스 제국

그리스가 있는 에게 해 바로 위쪽에는 마케도니아라는 나라가 있었습니다. 마케도니아는 펠로폰네소스 전쟁으로 그리스의 폴리스들이 분열과 대립을 계속하는 동안 점점 힘을 키워 나갔습니다. 결국 마케도니아의 필리포스 2세는 그리스가 폴리스 간의 오랜 전쟁으로 힘이 약해져 있다는 것을 알게 되었습니다. 그래서 그는 군대를 이끌고 그리스 세계를 정복합니다. 그리고는 페르시아 전쟁에 대한 복수를 하겠다는 명분을 내걸어 그리스의 폴리스들을 결집시켜 소아시아로 진격하던 중 죽고 맙니다. 그 뒤를 이은 왕이 바로 알렉산드로스(알렉산더)입니다. 그가 왕이 되었을 당시 나이는 겨우 스무 살이었습니다. 하지만

알렉산드로스 왕의 영토
마케도니아의 영토가 가장 넓었던 시기의 모습입니다. 지금의 그리스, 터키, 이집트, 중동 지방까지 마케도니아였음을 알 수 있습니다.

 그는 아버지의 뜻을 이어받아 마케도니아를 세계 제일의 나라로 만들겠다고 결심했습니다.
 알렉산드로스는 전보다 더 백성을 위했고 백성과 신하들은 그런 알렉산드로스를 찬양하며 마케도니아를 위해 충성을 다하겠다고 다짐했습니다. 그는 백성을 편안하게 해 주는 한편 군대를 강화해서 세계 제국을 건설할 기틀을 차근차근 쌓아 나갔습니다. 당시 마케도니아의 지배하에 있던 그리스의 폴리스들은 어린 왕을 얕잡아 보고 반격해 왔습니다. 그러나 알렉산드

고르디온의 매듭

알렉산드로스 대왕은 원정 중에 고르디온이란 마을을 지나게 되었습니다. 그 마을의 신전 기둥에는 짐수레가 한 대 매어 있었는데 그 짐수레의 매듭을 푸는 사람이 아시아를 지배하는 왕이 된다는 전설이 내려오고 있었습니다. 그동안 많은 사람이 도전했지만 매듭을 푼 사람은 없었습니다. 그런데 알렉산드로스는 그것을 보자 매듭을 푸는 것이 아니라 칼을 뽑아 들고 단번에 그 매듭을 잘라 버렸습니다. 알렉산드로스는 매듭은 푸는 것이라는 고정 관념을 깨뜨린 것입니다. 결국 알렉산드로스는 아시아를 포함한 대제국을 건설하게 되었습니다.

로스는 그리스의 폴리스들이 일으킨 반란을 단번에 진압한 뒤 그리스 세계의 지지를 등에 업고 오리엔트로 대제국 건설을 위한 원정에 나섭니다. 알렉산드로스는 소아시아에서 다리우스 3세가 이끄는 페르시아 군을 격파하고 페니키아와 이집트까지 정복했습니다. 알렉산드로스는 거기서 그치지 않았습니다.

알렉산드로스는 지중해를 완전히 정복하자 페르시아 본토를 점령하였고 중앙아시아로 진격하여 이란 동부를 점령했으며 마침내 인도의 인더스 강까지 진출하여 동서양에 걸치는 대제국을 완성했습니다. 그것도 10년이라는 짧은 기간에 말입니다.

알렉산드로스 대왕이 이토록 짧은 기간에 대제국을 건설할 수 있었던 것은 팔랑크스라는 긴 창을 이용한 독특한 전쟁 전술도 있었지만 무엇보다도 정복한 곳의 전통과 관습을 존중한 데에 있습니다. 그는 거대한 제국을 정복하는 것만큼이나 그곳을 자신의 나라로 흡수해 잘 다스리는 것도 중요하다고 생각했습니다. 그래서 정복지에 먼저 알렉산드리아라는 도시를 세웠습니다. 그리고 그리스인을 대거 이주시킨 뒤 원주민과의 결혼을 장려하는 등 정복한 나라를 하나로 통합시키기 위해 동서 문화 융합 정책을 펼쳤습니다.

실제로 알렉산드로스 왕도 페르시아의 공주와 결혼했으며 80명의 귀족과 1만여 명의 장병을 페르시아 여성들과 결혼시키기도 했습니다.

또한 아시아의 종교와 관습 등은 될 수 있는 한 보존하려고 노력하면서 그 안에 그리스 문화를 고루 섞었습니다. 각기 다른 민족으로 이루어진 제국을 다스리기 위해서는 그것이 제일 좋은 방법이라고 생각했기 때문입니다.

알렉산드로스는 정복한 곳곳에 70개나 되는 '알렉산드리아'라는 도시를 세워 그리스 문화를 알리는 중심점으로 삼았으며, 페르시아 청년들을 그리스 식으로 교육시켜 동서양 문화가 어우러지는 데 앞장서도록 했습니다.

알렉산드로스 대왕은 자신이 이룩한 대제국의 수도를 바빌론으로 정하고 거기서 제국을 다스렸습니다. 하지만 기원전 323년, 알렉산느로스 대왕은 서른 셋의 나이로 열병에 걸려

알렉산드로스 대왕
서른셋이라는 짧은 생애 동안 넓은 영토를 개척한 알렉산드로스의 흉상입니다. 그는 예술가를 고용해 자신의 조각을 만들게 했습니다.

알렉산드리아

알렉산드로스 대왕은 정복지 곳곳에 자신의 이름을 딴 도시를 만들었습니다. 이집트의 알렉산드리아는 그중 가장 큰 도시입니다. 나일 강 유역과 지중해를 연결하는 교통의 요충지였던 이곳에는 당시 정치와 경제, 학문이 발달하여 도서관, 천문대, 동물원, 식물원 등이 세워졌고 뛰어난 학자들이 많이 활약했습니다. 인구가 50만 명에 이르고 '없는 것은 눈뿐'이라고 할 만큼 풍요로운 곳이었습니다. 세계 7대 불가사의 중에 하나라고 하는 높이 135미터의 거대한 파로스 등대는 당시의 번영을 잘 말해 줍니다.

바빌론에서 죽고 말았습니다.

그 후 마케도니아는 후계자 자리를 놓고 40여 년간 서로 다투다가 알렉산드로스 대왕의 친족들은 모두 죽임을 당하고 몇몇 장군들이 권력을 장악하게 됩니다. 그리하여 마케도니아는 결국 서아시아의 시리아 왕국, 아프리카 동북부의 이집트 왕국, 마케도니아 지방의 마케도니아 왕국, 이렇게 3개의 왕국으로 분열되었습니다.

그 후 기원전 146년부터 모든 헬레니즘 세계는 로마의 통치를 받게 되었습니다.

이처럼 마케도니아의 알렉산드로스 대왕이 페르시아를 멸망시켜 대제국을 건설한 때부터 로마에 의해 헬레니즘 국가들이 정복되기까지 약 300년 동안을 가리켜 헬레니즘 시대라고 합니다. 이 시대가 역사상 중요한 것은 이 무렵 동방과 서방의 서로 다른 문화가 영향을 주고받으며 섞였기 때문입니다. 그 결과 그리스 문화와 오리엔트 문화가 융합되어 독특한 헬레니즘 문화가 만들어졌습니다.

헬레니즘 문화

알렉산드로스 제국의 번영은 그리 오래가지 못했지만 그가 만든 문화는 세계사에 큰 영향을 미쳤습니다. 헬레니즘 문화는 서쪽인 유럽으로 전해져 오늘날 유럽 문화의 바탕을 이루었습니다. 그리고 동쪽으로는 인도의 간다라 미술에 영향을 주었을 뿐만 아니라 중앙아시아를 거쳐 중국, 우리나라, 일본에까지 전

알렉산드로스 대왕과 다리우스 3세의 전투
이 전투에서 다리우스 3세는 패배하고 말았고, 그로 인해 페르시아 제국은 결국 멸망하게 되었습니다.

파되었습니다. 불상이 그 좋은 예인데 불상은 간다라 미술의 대표작입니다. 원래 인도의 불교에는 불상이 없었지만 그리스 조각상에서 영향을 받아 불상을 만들게 된 것입니다.

무엇보다도 이 시대에는 인도에서 지중해에 이르는 동서 교통로가 열려 경제 분야에서 눈부신 발전이 이루어졌습니다. 상공업과 무역이 발달하여 화폐를 만들어 유통시켰는데 이때부터 화폐가 널리 사용되게 되었습니다.

헬레니즘 문화는 폴리스 중심의 그리스 문화와는 다르게 좀 더 개인적이고 국제화된 모습을 보여 줍니다. 이는 폴리스 중심의 기존 질서가 무너지는 혼란 속에서 어떻게 사는 것이 개인의 행복을 이룰 수 있는가 하는 고민의 결과입니다. 또한 알렉산드로스의 대제국 건설을 보면서 국가나 민족이라는 틀에서 벗어나 좀 더 국제적인 시각과 의식을 갖게 된 결과라고도 할 수 있습

아프로디테
프랑스 파리의 루브르 박물관에 있는 사랑과 미의 여신 아프로디테 조각상입니다. 이 조각상은 기원전 130년경에 만들어진 것으로, 로마에서는 아프로디테를 비너스라고 불렀습니다.

에레크테움 신전
아테네 아크로폴리스에 있는 신선으로 기원전 421년에 만들어졌습니다. 아름다운 여자 모습의 기둥이 건물을 떠받들고 있습니다.

프톨레마이오스 세계 지도
15세기에 발행된 프톨레마이오스 세계 지도 목판본입니다. 스리랑카와 말레이 반도를 넘어 중국까지 표현되어 있습니다.

니다. 이런 헬레니즘 문화의 특징은 훗날 로마로 계승되어 서양 문화의 큰 줄기가 됩니다. 그래서 헬레니즘 문화를 모르고는 서양 문화를 제대로 이해할 수 없다고 말하는 것입니다.

헬레니즘 문화의 특징을 가장 잘 보여 주는 것이 철학입니다.

헬레니즘 시대에는 현실 세계에서 개인의 즐거움을 추구하는 것이 최고 선이라고 주장한 에피쿠로스학파와 인간은 이성을 가졌기에 존엄하며 그래서 이성을 통해 감정과 욕심을 참아내야만 진정한 행복을 얻는다고 주장한 스토아학파가 있었습니다. 서로 다른 주장을 하고 있지만 이 두 학파의 공통점은 '어떻게 하면 인간이 합리적으로 생활하며 행복과 만족을 얻을 수 있는가?' 하는 물음에서 시작했다는 점입니다. 더 나아가 이들은 모든 인간이 평등하다는 세계 시민 사상을 주장하며 그리스인과 다른 민족 사이에 어떤 차이도 인정하지 않았습니다. 이러한 스토아학파의 사상은 이후 로마에 전파되어 로마법과 그리스도교에 커다란 영향을 미쳤습니다.

헬레니즘 문화의 또 다른 특징으로는 실용 과학의 발달을 찾아볼 수 있습니다.

수학에서는 유클리드가 기하학의 체계를 수립했고, 물리학에서는 아르키메데스가 목욕탕에서 부력의 원리를 발견했으며, 지리학에서는 에라토스테네스가 지구의 둘레를 측정하여 당시 기술로는 놀라울 만큼 정확한 지도를 만들었습니다. 천문학에서는 지구와 달의 지리를 정확히 측정한 히파르코스, 지구의 자전과 공전을 주장한 아리스타르코스, 천동설을 주장한 프톨레마이오스, 의학에서는 '건강한 생활에 법칙이 있듯이,

부력의 원리를 발견한 아르키메데스

아르키메데스는 왕에게 자신의 왕관이 순금으로만 된 것인지 은이 섞여 있는지 알아봐 달라는 명령을 받았습니다. 며칠을 고민하던 아르키메데스는 어느 날 공중목욕탕에서 답을 찾을 원리를 알아냈습니다. 그는 너무도 기쁜 나머지 발가벗은 몸으로 "유레카, 유레카(알아냈다)!"라고 외치며 집으로 돌아갔습니다. 아르키메데스는 같은 무게의 물건이라도 물건을 이루는 물질이 가진 밀도 즉, 빽빽함에 따라 비중이 다르지 않을까 하고 생각했습니다. 그래서 그는 같은 무게의 순금으로 된 왕관과 은이 섞인 왕관 두 개를 물속에 집어넣었습니다. 그러자 은이 섞인 왕관보다 순금으로 된 왕관이 물을 더 많이 밀어내는 것을 확인하게 되었습니다. 아르키메데스는 같은 무게라 하더라도 비중이 다르다는 것을 목욕탕에 사람이 들어갈 때 넘치는 물을 보고 확인한 것입니다. 이것이 바로 부력의 원리입니다.

라오콘 상

라오콘은 아폴론 신을 섬기던 신관이었는데, 트로이 전쟁 당시 목마를 트로이 성안에 끌어들이는 것에 반대했습니다. 이로 인해 신들의 노여움을 사게 되었고, 결국 바다의 신 포세이돈이 보낸 뱀 두 마리에게 온몸이 졸려 죽게 됩니다.

병에도 법칙이 있다.'고 말한 의학의 아버지 히포크라테스 등이 있습니다.

헬레니즘 시대의 대표적인 조각상으로는 프랑스 루브르 박물관에 있는 인간 육체의 아름다움을 표현한 밀로의 비너스 상과 고통의 순간을 실감나게 표현한 라오콘 상을 들 수 있습니다. 이러한 경향은 미술 전반에 영향을 미쳐 그리스 시대의 조화와 균형미가 깨어지고 인간의 육체와 감정을 사실적으로 드러내는 작품들이 등장하게 됩니다.

히포크라테스
의학의 아버지라고 불리는 히포크라테스를 기념하여 그리스에서 발행한 우표입니다.

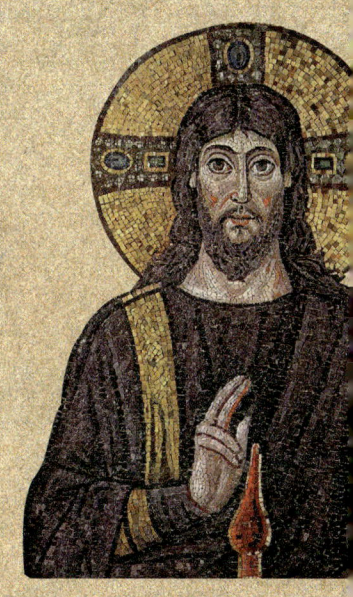

고대 로마,
통일 대제국의 완성

우리가 살고 있는 현대 사회에 가장 직접적이면서 광범위하게 영향을 준 고대 국가를 묻는다면 많은 이들이 고대 로마라 답할 것입니다. 강력한 제국을 건설하고 드넓은 영역을 통치한 로마가 성장하고 다른 나라를 정복한 뒤 끝내 몰락하는 이야기는 아직도 수많은 이들의 상상력과 호기심을 자극할 뿐 아니라 많은 학자들과 역사가들의 관심과 연구 대상이기도 합니다. 고대 로마에서 사용된 제도, 정치 방식, 언어 등은 다양하게 변화·발전하여 현대 사회의 틀을 이루고 있습니다.

고대 로마,
통일 대제국의 완성

시민이 직접 통치자를 뽑는 공화정

로마는 라틴족이 기원전 8세기 중엽에 이탈리아 반도의 티베르 강변에 세운 도시 국가였습니다. 많은 나라들처럼 로마도 처음에는 왕이 다스리는 나라였습니다. 로마가 막 생길 무렵의 주변을 살펴보면, 로마 북쪽에는 에트루리아인이 살았고 남쪽에는 그리스인들이 세운 식민 도시가 번창하고 있었습니다. 그리고 알프스 너머에는 켈트인이 살고 있었는데 로마인들은 그들을 갈리아인이라고 불렀습니다. 에트루리아인은 일찍부터 그리스와 교역하던 민족이었고 무엇보다 건축과 토목 기술이 뛰어났습니다. 훗날 로마의 건축 기술은 바로 에트루리아인에게 배운 것입니다. 최초의 로마는 작은 도시 국가였기 때문에

여러 역사 자료와 유적들을 통해 추측하여 만든 고대 로마의 모형
현대의 대도시들처럼 높은 건물은 없지만 도로와 집 그리고 거대한 경기장 등이 크게 있는 것을 알 수 있습니다. 아직도 로마 시내 곳곳에는 이러한 유적들이 많이 남아 있습니다.

한동안 에트루리아인의 지배를 받았는데 점차 힘을 길러서 기원전 6세기경 에트루리아 출신의 왕을 몰아내고 공화정을 세웠습니다. 공화정이란 국가의 권력을 왕이 좌지우지하지 못하도록 국가의 권력을 여러 사람이 나누어 가지는 정치를 말합니다.

로마 시민들의 총회인 민회에서 두 명의 지도자를 뽑아 정치를 맡겼는데 그들을 집정관이라 불렀습니다. 한 명의 왕을 두는 대신 두 명의 집정관을 두어 한 사람에게 권력이 집중되는 것을 막고 서로를 감시하도록 한 것인데, 이들의 임기는 1년이었습니

고대 로마, 통일 제국의 완성

로마의 건국 전설, 로물루스와 레무스 이야기

로마의 전설에 따르면 비너스의 아들 아이네아스의 후손 중에 로물루스와 레무스라는 쌍둥이가 태어났는데 왕위를 빼앗은 이모부가 그들을 죽이라고 명령했습니다. 그것을 가엾게 여긴 신하가 쌍둥이를 바구니에 넣어 버렸더니 암컷 늑대가 젖을 먹여 키웠다고 합니다. 그러던 어느 날, 양치기는 늑대가 키우는 두 아기를 보고 늑대가 없는 틈을 타서 그들을 데려다가 자기의 아들로 키웠습니다. 세월이 흘러 어른이 된 쌍둥이는 자신들의 출생에 얽힌 비밀을 알게 되었습니다. 출생의 비밀을 모두 알게 된 형제는 점차 세력을 키워 자신들을 따르는 무리를 이끌고 이모부에게 가 원수를 갚지만 도시 건설을 둘러싸고 형제간에 싸움이 나게 되었습니다. 결국 로물루스는 레무스를 물리치고 로마를 건설했습니다. 로마는 '로물루스의 도시'라는 뜻입니다.

다. 또 집정관 밑의 관리들도 모두 민회에서 선거로 뽑았습니다. 귀족의 대표로 이루어진 원로원은 한 번 대표로 뽑히면 죽을 때까지 하는 종신제였는데, 집정관에게 정책을 제안하고 국가를 다스리는 중요한 일에 대해 충고나 조언을 하며 돕기도 하고 집정관을 감시하는 역할도 했습니다.

그러니까 로마 공화정은 시민을 대표하는 민회, 귀족을 대표하는 원로원, 최고 권력자인 집정관, 이 세 가지를 중심으로 약 500년 동안 로마 사회를 다스리고 지탱해 갑니다.

처음에는 귀족 중심이었던 로마의 공화정은 평민들의 강력한 요구에 의해 점차 평민들까지 참여하는 방향으로 바뀌었습니다. 하지만 그 과정은 그리 호락호락한 것이 아니었습니다.

기원전 494년, 평민들은 로마시를 빠져나가 동북쪽으로 5킬로미터 떨어진 곳에 모였습니다. 그리고 그들은 로마의 대표를 직접 뽑을 수 있는 권리를 주지 않으면 로마로 돌아가지 않겠다고 귀족들을 위협했습니다.

로마 시내에서 바라본 바티칸 교황청의 모습
수천 년간 로마는 유럽의 정치, 종교, 문화의 중심지였으며 지금도 여러 유적과 아름다운 건물들로 인해 많은 사람들이 방문하는 곳입니다.

귀족들은 군대에서 핵심적인 역할을 담당하는 평민들 없이 로마를 유지할 수 없었기에 그들의 요구를 들어주었습니다.

이듬해, 귀족은 다시 평민을 로마로 불러들이려고 많은 노력을 했습니다. 우선 빌린 돈을 갚지 못해서 외국에 노예로 팔려 간 평민들을 다시 데려오고, 평민들의 권리와 이익을 보호하는 기관인 호민관을 만들게 됩니다. 호민관은 평민에게 불리한 정책에 대해 거부권을 행사할 수 있었습니다. 그 뒤에도 귀족들은 차차 평민의 권리를 인정해 나갔습니다.

기원전 450년에는 12표법이 공포되었습니다. 이 법은 로마법의 기초를 이룬 고대 로마의 성문법입니다. 로마법은 그리스

고대 로마, 통일 제국의 완성 **191**

의 법을 참고해서 만들었다고 하는데, 귀족의 권리는 어느 정도 제한하고 귀족과 평민의 평등을 법으로 인정했습니다. 귀족과 평민 사이에 혼인하지 못하게 하는 규칙이 들어 있지만, 귀족이 독차지하고 있던 자신들에게만 유리한 법을 시민 전체의 법으로 넓혔다는 점에서 큰 의미를 지니고 있습니다. 충분하지는 않았지만 평민은 귀족이 마음대로 휘두르던 횡포에서 벗어나 법률의 보호를 받을 수 있게 되었습니다.

그리고 기원전 4세기에는 집정관 중 한 사람을 평민 중에 선출하게 되었습니다. 기원전 3세기에는 평민들의 회의 기구인 평민회를 두어 여기서 결정된 사항은 원로원의 허락 없이도 힘을 갖게 되었습니다.

로마의 최종 결정권은 민회에 있었습니다. 시민이면 누구나 민회에 참여할 자격이 있었지만 실제로는 어느 정도 재산을 가지고 있거나 전쟁에 나갈 수 있는 남자만 참여할 수 있었습니다. 로마의 공화정은 시간이 흐르면서 조금씩 발전하고 바뀌었지만 그 큰 틀은 500년 동안 유지되었습니다. 그 500년 동안 로마는 천천히 성장했고 차근차근 주변으로 영토를 넓혀 갔습니다. 그리고 지중해까지 이르렀습니다. 그런데 지중해 무역은 해상 강국 카르타고가 장악하고 있었습니다. 그리하여 지중해를 놓고 로마와 카르타고는 전쟁을 치르지 않을 수 없었습니다. 이 두 나라 사이의 전쟁을 포에니 전쟁이라고 합니다.

로마와 카르타고

기원전 3세기 로마는 이탈리아 반도를 통일하고 지중해로 진출하려는 과정에서 지중해 무역을 장악하고 있던 카르타고와 세 차례에 걸친 전쟁을 치르게 됩니다. 이것이 포에니 전쟁입니다.

페니키아 사람들은 아프리카 북쪽 해안에 카르타고라는 식민 도시를 건설해서 이 도시를 중심으로 수백 년 동안 항해를 하며 무역을 해 왔습니다. 카르타고는 지중해 주변의 거의 모든 도시들과 무역을 하며 많은 돈을 벌어 들이고 있었기 때문에 로마가 중간에 끼어드는 것을 원하지 않았습니다. 하지만 로마 또한 카르타고의 방해 없이 다른 도시들과 무역하기를 원했습니다. 그러니 로마와 카르타고는 싸움을 피할 수 없었던 것입니다.

로마와 카르타고가 벌인 첫 번째 전투는 해군을 가진 카르타고에게 유리했습니다. 로마는 해군이 없었기 때문입니다. 하지만 로마는 카르타고의 배를 연구해서 곧 군함을 만들고 그들을 이길 수 있는 방법도 생각해 냈습니다. 그 방법은 적 함대가 나타나면 배를 가까이 대고 갈고리를 던져 거는 것이었습니다. 그러고 적의 배를 끌어당긴 뒤 배에 만들어 둔 다리를 내려서 건너가는 것입니다. 이것은 배 위에서 싸우지만 사실은 육지에서 싸우는 것과 같은 것으로 육지 전생에 단련된 로마는 이 방법으로 큰 효과를 거두었습니다.

고대 로마, 통일 제국의 완성

카르타고의 유적
카르타고는 현재 아프리카 튀니지 지역에 있던 식민 도시의 이름입니다. 지중해를 사이에 두고 로마와 패권 다툼을 하였습니다. 제2차 포에니 전쟁의 패배로 인해 카르타고의 국력은 기울고 결국 제3차 포에니 전쟁으로 인해 카르타고는 멸망하고 맙니다. 지금은 옛 카르타고의 유적만이 쓸쓸히 남아 있습니다.

    결국 로마는 카르타고 함대를 격파해서 시칠리아 섬을 얻었고 얼마 뒤 로마는 사르데냐마저 점령하고 코르시카도 차지했습니다. 이후 로마는 북부 이탈리아의 켈트족과 벌인 전투에서도 승리해 더욱 세력을 넓혀 대제국의 길로 접어들었습니다.
    제2차 포에니 전쟁은 23년 뒤인 기원전 218년에 시작되었습니다. 이 전쟁을 '한니발 전쟁'이라고도 부릅니다. 한니발은 카르타고의 가장 위대한 장군이었습니다. 로마인들과 카르타고인들의 제2차 포에니 전쟁이 시작되었지만 오랫동안 승부가 나지 않고 있었습니다. 그때 한니발이 멋진 생각을 해냈는데, 배를 타고 로마를 공격하는 대신 코끼리를 몰고 알프스 산맥을 넘기로 한 것입니다. 로마인들은 카르타고인들이 험하디 험한 알프스 산맥을 넘어오리라고는 전혀 생각하지 못했고 처음 본 코끼리 떼에 우왕좌왕하기 바빴습니다. 결국 알프스 산맥을 넘어 로마 땅에 들어선 한니발은 계속된 전투마다 승리하며 이탈리아 반도 남부를 점령하고 수도 로마를 위협했습니다. 그러자 로마인들은 한니발이 로마로 쳐들어와 수도를 불태워 버리지 않을까 겁에 질렸습니다.

그때 로마의 장군 스키피오가 묘책을 생각해 냈습니다. 한니발과 로마에서 정면 승부를 해서는 승산이 없다고 판단한 것입니다. 그래서 스키피오는 로마의 병사를 이끌고 바다를 건너가 카르타고의 수도를 공격했습니다. 그때 카르타고 최고의 병사들은 모두 로마로 넘어가 있었기 때문에 카르타고의 수도는 비어 있는 것이나 다름없었습니다.

카르타고는 즉시 한니발에게 카르타고를 지켜 줄 것을 부탁했고 한니발은 하는 수 없이 카르타고로 돌아올 수밖에 없었습니다. 하지만 본국으로 돌아온 한니발의 군사들은 너무 지친데다 로마의 장군 스키피오는 한니발의 작전을 미리 읽고 있었기 때문에 대패하고 말았습니다. 결국 로마에 항복한 카르타고는 에스파냐를 비롯한 해외 식민지를 모두 로마에 넘겨주었습니다.

고대 로마, 통일 제국의 완성

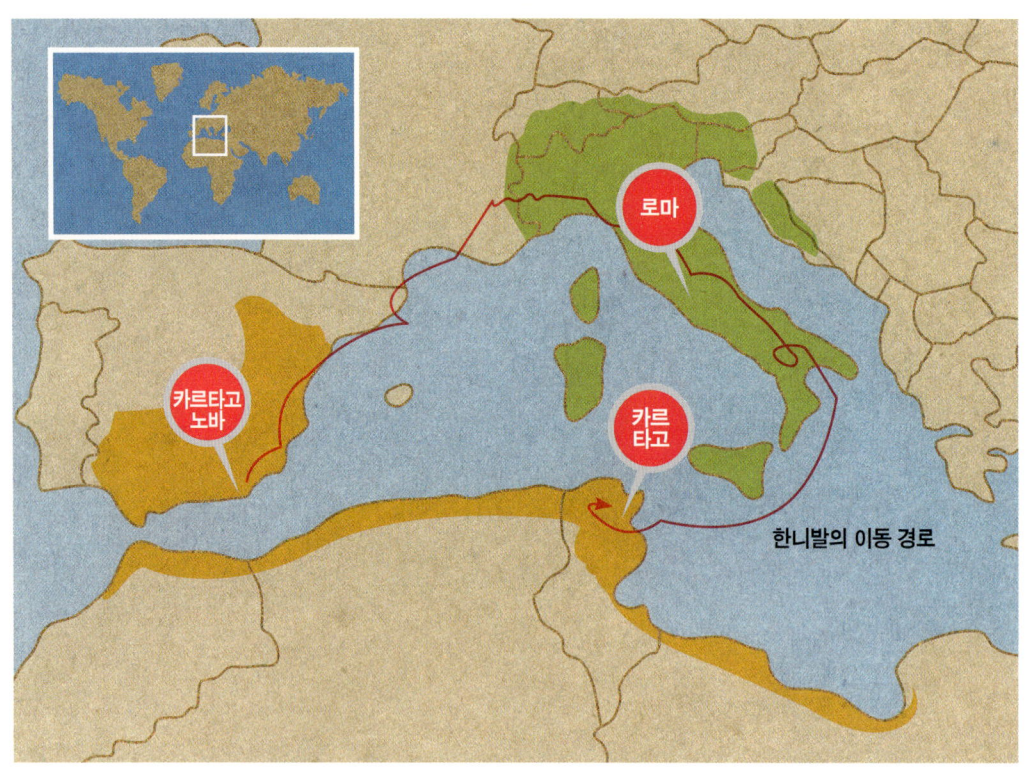

로마 대 카르타고
포에니 전쟁 당시 한니발의 이동 경로입니다. 전쟁 결과 로마는 지중해를 둘러 싼 대부분의 영토를 차지하게 됩니다.

뿐만 아니라 함대도 20척만 남기고 로마에 빼앗겼으며, 그 뒤 50년 동안 해마다 엄청난 액수의 배상금을 물어야만 했습니다. 그리고 한니발은 독약을 마시고 죽고 말았습니다.

제2차 포에니 전쟁에서 패하긴 했지만 상업이 발달한 카르타고는 다시 일어나기 위해 노력했습니다. 그 결과 나라 살림도 넉넉해져서 50년에 걸쳐 갚기로 했던 배상금을 10년 만에 모두 다 갚을 수 있었습니다. 로마는 그런 카르타고의 힘이 커지기 전에 싹을 잘라야 한다는 생각을 하고 있었습니다. 그때 마침 카르타고는 카르타고 서쪽에 있던 누미디아와 전쟁을 일으키게 됩니다. 그러자 로마는 카르타고가 자신들의 허락 없이는 전쟁을 벌이지 못한다는 사실을 꼬투리로 잡아 카르타고에 전쟁을 선포합니다. 이렇게 해서 기원전 149년, 로마와 카르타고는 한 번 더 전쟁을 벌이게 되는데, 이것이 제3차 포에니 전쟁입니다.

알프스를 넘는 한니발
한니발은 카르타고의 위대한 장군으로 알프스 산맥을 넘어 이탈리아 반도 남부를 점령하고 로마를 위협했습니다.

제3차 전쟁은 4년이나 계속되었고 결국 로마의 승리로 돌아갔습니다. 카르타고의 성은 불바다가 되었고 카르타고의 인구는 전쟁을 시작할 때 인구의 10분의 1밖에 남지 않게 되었습니다. 로마는 이들을 노예로 팔아 버렸고 카르타고는 로마의 식민지가 되었습니다. 지중해에서 가장 번영을 누리던 무역 중심 도시 카르타고는 그렇게 잿더미로 변한 채 사라졌습니다. 하지만 로마에게 포에니 전쟁은 로마가 공화국을 벗어나 세계 제국으로 도약하는 중요한 계기가 된 전쟁입니다.

이 전쟁으로 서부 지중해를 장악한 로마는 동쪽의 그리스, 마케도니아 등을 이어서 정벌했고, 마침내 기원전 2세기 후반에는 지중해 연안의 거의 모든 지역을 지배하게 되었습니다.

고대 로마, 통일 제국의 완성

삼두 정치의 대두

포에니 전쟁의 승리 덕분에 로마는 세계적으로 큰 제국이 되었습니다. 로마의 건축가들은 사람들이 더 빨리 오고갈 수 있도록 길을 만들었습니다. 도시로 물을 끌어오기 위해 수도교도 만들었으며, 많은 사람들이 도시의 성벽 안쪽에서 살 수 있도록 아파트도 지었습니다. 로마 제국의 수도인 로마는 세계에서 가장 부유하고 강한 도시가 되었습니다. 로마에 대해 모르는 사람이 거의 없었고 사람들은 로마의 아름다운 건물과 멋진 도로를 부러워했습니다.

하지만 겉으로 보이는 제국의 화려함만큼 모든 로마 국민이 골고루 그 이익을 나누어 갖지는 못했습니다. 로마 시민 대부분은 가난에 허덕이고 있었습니다. 백 년이 넘는 오랜 전쟁으로 인해 군대에 끌려갔던 평민들은 죽거나 다쳤고, 고향으로 돌아왔다고 해도 오랫동안 돌보지 않아 황무지가 된 땅에 다시 농사를 짓기란 불가능한 일이었습니다. 이 땅들은 부자들에게 헐값에 팔리기 일쑤였습니다.

그러니 전쟁터에서 돌아온 농민들이 갈 곳이라고는 부자들의 농장뿐이었습니다. 거기에 가서 죽도록 일을 하든지 그러지 않으려면 남은 토지를 모두 팔아 로마 시내로 들어가서 나라의 보호를 받는 신분이 되는 수밖에 없었습니다. 이들은 가진 것이 아무 것도 없었기 때문에 그나마 자식을 군대에 보내는 것으로

고대 로마 시대 건축물 중 하나인 콜로세움
콜로세움은 로마 제국 시대에 만들어진 원형 경기장으로, 높이가 40미터에 이르는 당시 최대 규모의 건축물이었습니다.

로마 시민의 역할을 했습니다.

하지만 반대로 귀족들은 점점 더 부자가 되었습니다. 정복한 땅을 자신의 것으로 만들어 농장을 짓고 포로로 잡아온 사람들을 노예로 부려 재산을 모았습니다. 호화롭고 넓은 저택과 별장

로마의 콜로세움

로마의 건축물 중 유명한 것으로 콜로세움이 있습니다. 원래 이름은 플라비아누스 원형 경기장입니다. 그러다가 콜로수스라고 부르던 네로 황제의 조각상이 트라비냐 목욕탕에서 이곳으로 옮겨진 뒤 콜로세움이라고 부르기 시작했습니다.

콜로세움은 둘레가 527미터이고, 높이는 57미터입니다. 콜로세움 안에는 아레나라고 부르는 경기장이 있고, 포디움과 카베아라 부르는 관중석이 있습니다. 포디움은 황제나 원로원 의원 등이 앉는 곳이고, 카베아는 3층 계단 모양을 한 관객석입니다. 이곳에서는 동물 쇼나 검투사 경기가 열렸습니다. 검투사 경기에서는 목숨을 걸고 싸워야 했습니다. 이 싸움에서 주로 희생을 당하는 사람은 전쟁 포로로 잡혀 온 노예나 범죄자들이었습니다.

을 짓고 사치스러운 생활도 했습니다. 부자와 가난한 사람들의 격차는 점점 커지면서 시민들의 불만 또한 점점 커져 갔습니다.

이러한 로마의 위기를 극복하고자 크라쿠스 형제가 개혁을 시도했지만 이마저 실패하자 로마는 혼란에 빠졌습니다. 지배층을 대표하는 벌족파와 그에 맞서는 평민파 사이에 치열한 권력 투쟁이 시작되었고 거기에 스파르타쿠스의 난과 같은 노예 반란도 잇달아 일어났습니다. 로마가 한 치 앞을 내다볼 수 없는 혼란에 빠져들자 군인 정치가들까지 등장하여 로마 공화정의 몰락을 재촉했습니다.

이러한 혼란을 이용해 폼페이우스, 카이사르, 크라수스가 세력을 키웠습니다. 이들은 로마의 전통인 공화정을 따르지 않고 세 사람이 로마의 권력을 나누어 가지는 이른바 삼두 정치를 시작합니다. 이 삼두 정치를 주도 한 사람은 카이사르였습니다.

귀족 가문의 카이사르는 청년 시절부터 남다른 면모를 보였습니다. 한번은 해적들에게 포로로 잡힌 적이 있었는데 그때 카이사르는 포로들에게 목숨을 구걸하지 않고 자신이 살아서 돌아가면 반드시 해적들을 살려 두지 않겠다고 큰소리를 쳤습니다. 하지만 해적들은 청년 카이사르를 비웃으며 좋은 가문 사람이었던 그를 인질로 삼아 몸값을 받아 낸 뒤 풀어주었습니다. 자유의 몸이 된 카이사르는 자신이 내뱉은 말대로 결국 군함을 이끌고 가 해적들을 소탕했습니다.

그 후 카이사르는 에스파냐의 총독으로 있으면서 눈부신 활약을 펼쳤습니다. 로마를 따르지 않는 사람들은 닥치는 대로 공격해서 무찌르고, 항복해 오는 사람은 따뜻하게 대해 주었습니다. 그러자 에스파냐에서도 카이사르의 인기가 날로 높아졌습니다. 그는 에스파냐에서 로마로 돌아와 집정관이 되기를 원했지만 카이사르의 힘이 더 강해지기를 원하지 않았던 원로원은 거절했습니다. 그러자 혼자 힘으로 원로원과 맞설 수 없었던 카이사르는 자신과 뜻을 같이해 줄 두 사람과 손을 잡습니다. 바로 폼페이우스와 크라수스입니다. 카이사르는 그 당시 지중해의 해적들을 소탕하고 예루살렘 등을 점령해 전 지중해와 흑해 지방에까지 로마의 힘을 뻗어나가게 해 시민들의 지지를 받고 있었습니다. 결국 카이사르는 자신을 따르던 군사들에게 토지를 나눠 주는 문제로 원로원과 갈등을 빚고 있던 폼페이우스와 당시 최고 부자였던 크라수스와 손을 잡고 그들의 도움을 받아 집정관 자리에 오릅니다. 집정관이 된 카이사르는 원로원의 힘을 모두 빼앗아 버리고 폼페이우스, 크라수스와 함께 권력을 나누어 정치를 하게 됩니다. 이것이 '제1차 삼두 정치'입니다. 그

콜로세움의 내부 모습
콜로세움에서 검투사들의 싸움, 사람과 맹수의 싸움을 벌여 이를 시민들에게 구경시킴으로써 일체감과 애국심을 불러일으키기도 하고 공포심을 심기도 하였습니다.

후 집정관으로 일하는 기간이 끝나자 카이사르는 갈리아 정복을 하러 나섭니다.

갈리아 지방은 지금의 북부 이탈리아·프랑스·벨기에에 해당되는 매우 드넓은 땅입니다. 그곳 사람들은 싸움을 잘하기로 유명했습니다. 이 무렵 북부 이탈리아와 지중해 해안 지방은 이미 로마의 땅이 되었으나, 그 북쪽 지역은 아직 로마가 차지하지 못하고 있었습니다. 그런 상황에서 북쪽의 게르만인들이 점점 내려오기 시작했기 때문에, 로마는 더 이상 갈리아 지방을 내버려 둘 수가 없었습니다.

    카이사르는 많은 군사를 이끌고 당당히 정복길에 나섰습니다. 카이사르는 부하들보다 앞장서서 열심히 싸웠고 부하들은 더욱더 카이사르를 존경했습니다. 이러한 카이사르의 행동과 인간성은 로마에까지 전해져 시민들은 모이기만 하면 카이사르를 칭찬하느라 바빴습니다. 카이사르는 거의 9년 정도의 시간을 들여 마침내 갈리아를 완전히 정복했습니다.

    또한 카이사르는 게르만인의 고향까지 공격을 했고, 뒤이어 갈리아 북쪽 해안을 통해 지금의 잉글랜드 지역인 브리타니아로 두 차례나 쳐들어갔습니다.

    갈리아인 대다수는 포로가 되거나 노예가 되었습니다. 카이사르는 정복지에서 많은 돈을 거두어 엄청난 재물을 모을 수 있었습니다. 카이사르는 이 돈을 자기 부하들에게 나누어 주어서 군사들의 사기를 높이고 자신에 대한 충성을 이끌어 내었습니다.

    카이사르의 갈리아 정복은 로마 문화가 지중해 주변에서부터 유럽 대륙 깊은 곳까지 뻗어 가게 하는 계기가 되었습니다. 그리고 그 영향으로 그리스·로마 문화에 바탕을 둔 유럽 문화가 완성될 수 있었습니다.

 왕이 되고 싶었던 카이사르

카이사르가 부하들의 전폭적 신뢰와 지지로 갈리아 정복 전쟁을 승리로 이끌어 가고 있는 동안 로마에서는 삼두 정치에 변화를 예고하는 사건들이 일어납니다. 카이사르와 함께 삼두 정치를 함께 이끌던 크라수스와 폼페이우스 사이에 힘의 균형이 깨지기 시작한 사건입니다.

먼저 크라수스는 파르티아를 정복하러 갔다가 전투 중에 죽었고, 폼페이우스와 결혼했던 카이사르의 딸 율리아도 그만 죽고 맙니다. 크라수스는 죽었고 폼페이우스와 카이사르를 이어 주던 끈도 사라진 셈입니다. 그러자 로마에서는 카이사르를 따르던 사람들과 폼페이우스를 따르던 사람들로 나뉘어 싸움이 벌어졌습니다.

이 다툼이 심해지자 원로원이 나섰습니다. 원로원은 예전에 자신들을 쫓아냈던 카이사르를 뒤로하고 폼페이우스 한 명만을 집정관으로 뽑았습니다. 카이사르를 따르던 사람들은 부당하다고 항의했지만 폼페이우스와 원로원은 한술 더 떠서 카이사르를 갈리아 총독 자리에서조차 쫓아내 버렸습니다. 이에 화가 난 카이사르파 호민관과 원로원 의원들은 로마를 빠져나와서 갈리아에 있는 카이사르에게로 달려갔습니다.

카이사르는 폼페이우스와 원로원이 한패가 되어 자신을 완전히 제거하려 한다는 것을 전해 들었습니다. 카이사르는 이대로 당하고 있을 수만은 없었기에 결국 폼페이우스와 싸우기로 결정합니다. 카이사르에게는 자신을 믿고 따르는 많은 군사들이 있었습니다. 카이사르는 그들을 이끌고 로마로 향했습니다.

카이사르는 로마로 향해 가던 중 루비콘 강 앞에 도착해 멈추어 섰습니다. 강은 유유히 흐르고 있었습니다. 로마의 법에는 속국을 다스리던 총독이 군대를 거느리고 강을 건널 수 없게 되어 있었습니다. 그것이 로마의 법이었습니다. 만일 카이사르가 군대를 거느리고 이 강을 건넌다면, 그것은 반란을 의미하는 것입니다.

고민하던 카이사르는 결국 "자, 이미 주사위는 던져졌다!" 라

최고 전성기의 로마 영토
북쪽으로는 현재의 영국 절반까지 차지하고 있으며 지중해를 마치 로마의 호수인 것처럼 둘러싼 대제국의 모습을 보여 줍니다.

고대 로마, 통일 제국의 완성

가이우스 율리우스 카이사르
로마의 모든 권력을 손에 쥐었지만, 끝내 왕은 되지 못한 카이사르의 흉상입니다. 그는 주화를 만들어 거기에 자신의 얼굴을 새기기도 했습니다.

는 말과 함께 루비콘 강을 건넜습니다. 이때가 기원전 49년입니다.

루비콘 강을 건넌 카이사르는 원로원을 평정한 뒤 폼페이우스와의 전투에서 승리를 거둡니다. 참패를 당한 폼페이우스는 몇몇 부하들을 데리고 이집트로 달아났습니다. 그리고 이집트 왕을 찾아가 자신을 숨겨 달라고 부탁했습니다. 폼페이우스의 이런 부탁은 이집트 왕에게 무척 곤란한 것이었습니다. 폼페이우스를 보호해 주면 카이사르가 공격해 올 것이 무서웠고, 폼페이우스를 내쫓아 버리면 나중에 그가 복수할지도 몰랐기 때문입니다.

이집트 왕은 카이사르의 군사가 계속 폼페이우스를 쫓아오고 있다는 소식을 듣고 폼페이우스를 따뜻하게 맞아 주는 척하며 잔치를 열었습니다. 그러고는 그가 마음을 놓고 술에 취해 잠들어 있을 때 그를 죽여 카이사르에게 바칩니다. 폼페이우스의 목을 받아든 카이사르는 눈물을 흘렸다고 합니다. 그는 한때 그의 사위이자 협력자였던 폼페이우스를 죽일 생각까지는 하지 않았던 것일지도 모릅니다.

　폼페이우스의 죽음으로 슬픔에 젖어 있던 카이사르는 이집트의 여왕 클레오파트라의 유혹에 빠지게 됩니다. 그 당시 이집트는 정치 문제가 심각했는데 두 명의 파라오가 있었습니다. 바로 클레오파트라 여왕과 그의 남동생이었습니다. 둘은 함께 이집트를 다스리기로 되어 있었는데 그들은 화합하지 않았고 서로 이집트를 통치하기 위해 오랫동안 싸우고 있었습니다. 그러던 중 카이사르가 이집트로 온다는 소식에 클레오파트라와 남동생은 잠시 싸움을 멈추었습니다. 그때 여왕 클레오파트라의 머릿속에 권력을 되찾을 방법이 떠올랐습니다.

　클레오파트라는 카이사르를 찾아가서 그의 발 아래 무릎을 꿇고 자신을 도와달라고 부탁했습니다. 그녀는 여왕으로서 아주 당당한 모습을 갖추고 있었을 뿐만 아니라, 매력이 넘치는 미인이었습니다. 카이사르는 클레오파트라를 보자마자 그만 넋을 잃고 말았습니다.

　"제 남동생을 없애고 저 혼자 이집트를 통치하게 해 주신다면 이집트는 영원히 당신을 섬길 것입니다."

　카이사르는 클레오파트라의 부탁을 들어주었고 결국 클레오파트라는 이집트를 다스리게 되었습니다. 그리고 카이사르는 이집트에 1년 동안 머물면서 클레오파트라와 사랑을 나누었습니다. 하지만 한가하게 남의 나라에서 사랑이나 나누고 있는 카이사르를 로마에서 좋아할 리가 없었을 것입니다. 점차 카이사르를 반대하는 세력들이 생겨났고 식민지에서도 반란이 일어났습니다.

그러나 카이사르는 아직 힘이 있었습니다. 카이사르는 겨우 5일 만에 반란 세력을 모두 물리치고 로마에 가장 짧은 승전보를 보냈습니다.

"왔노라! 보았노라! 이겼노라!" 간단명료한 이 문장을 통해 우리는 힘 있는 장군으로서의 그의 성격을 엿볼 수 있습니다.

이렇듯 카이사르는 자신에게 반대하는 세력들에게 보란 듯이 오리엔트 지역을 모두 정복한 뒤 로마로 돌아왔습니다.

더 이상 카이사르에게 대항할 세력은 없었습니다. 카이사르는 기원전 49년과 47년에 독재관을 두 번이나 했고, 죽을 때까지 독재관을 할 수 있도록 법도 바꾸었습니다. 뿐만 아니라, 기원전 48년부터는 집정관 역할도 함께 했고, 기원전 46년부터는 로마 시민의 인구를 파악하고 잘못된 일이 없는지 확인하는 호구 감찰관직까지 차지해 마침내 로마의 모든 권력을 손에 거머쥐었습니다. 그는 로마 제국 전역을 다스리는 최고의 통치자가 되었습니다.

하지만 카이사르는 왕이라는 호칭을 사용하지는 못했습니다. 공화정의 전통이 무너지고 한 사람이 로마를 다스리는 것을 두려워한 사람들이 가만있지 않았기 때문입니다. 그들은 공화정을 지키고 싶어 했습니다. 결국 카이사르의 권력이 커지는 것에 불만을 품은 원로원 세력들은 카이사르를 죽이기로 합니다. 그 속에는 카

이사르가 자식처럼 아끼던 브루투스도 끼어 있었습니다. 그들은 카이사르가 원로원에 나타나자 한 사람씩 돌아가면서 칼로 찔렀습니다. 칼에 찔린 카이사르는 브루투스를 바라보며 "브루투스 너마저……."라는 말을 남기고 숨을 거두었습니다.

카이사르가 죽고 난 뒤 브루투스는 '나는 카이사르를 사랑했지만 로마를 더 사랑하기 때문에 왕이 되고자 한 카이사르를 죽일 수밖에 없었다.'고 말했습니다. 카이사르의 친구인 안토니우스는 카이사르의 장례식에서 카이사르의 유언을 발표합니다.

" …… 내 여동생의 손자 가이우스 옥타비아누스를 양자로 삼아 내 재산을 물려주도록 하고 모든 로마 시민들에게 2개월 반 정도 일한 만큼의 돈을 나누어 주도록 하라 ……."

안토니우스는 시민을 향해 카이사르의 피 묻은 망토를 펼쳐 보이며 그를 죽인 브루투스와 그의 무리를 비난했습니다. 그러자 흥분한 로마 시민들은 브루투스를 반역자로 처벌하라고 난동을 일으켰고 결국 브루투스는 로마에서 쫓겨나고 말았습니다.

'가위'는 왜 영어로 '시저'인가?

영어로 가위는 시저(scissors)입니다. 왜 가위를 시저라고 부르는지 재미있는 이야기가 전해져 옵니다. 바로 카이사르 때문이라고 합니다. 카이사르의 영어식 발음은 시저입니다.

전해지는 이야기에 따르면 카이사르, 즉 시저는 세계 역사상 처음으로 태어날 때 어머니의 배를 가위로 자른 후 태어났다고 합니다. 그래서 그가 태어날 때 사용한 가위를 시저라고 부른다는 이야기가 있습니다.

고대 로마, 통일 제국의 완성

옥타비아누스, 팍스 로마나

카이사르의 장례식 이후 안토니우스의 명성은 나날이 높아져 갔습니다. 그런 한편 안토니우스 못지않게 대단한 인물이 새롭게 등장했습니다. 그는 바로 외국에 있다가 카이사르의 양자 겸 상속인으로 자신이 정해졌다는 소식을 듣고 돌아온 '가이우스 옥타비아누스'였습니다.

카이사르가 죽은 뒤 기원전 43년 말, 로마의 정치는 안토니우스, 옥타비아누스, 레피두스 세 사람이 맡았습니다. 그들은 원로원 회의와 민회의 결정을 모두 무시한 채 정치를 했습니다. 이때부터를 제2차 삼두 정치 기간이라고 합니다.

세 사람은 각각 영토를 나누어 지배했습니다. 옥타비아누스는 양아버지 카이사르의 뒤를 이어 갈리아와 에스파냐를 다스렸고, 안토니우스는 동방을, 레피두스는 아프리카를 지배했습니다. 그러나 이 평화는 그리 오래가지 못했습니다.

안토니우스는 세력을 더 넓히기 위해 소아시아에 관심을 가지고 있었습니다. 그래서 클레오파트라에게 부탁해 파르티아를 정복하는 데 필요한 돈을 얻어 보려 했습니다.

하지만 클레오파트라는 다른 생각을 하고 있었습니다. 그녀는 예전처럼 안토니우스의 힘을 빌려 자신의 세력을 단단히 지키려고 했던 것입니다. 클레오파트라는 자기 몸을 온갖 금은보화로 장식하고 배 위에서 화려한 잔치를 열어 안토니우스의 마

음을 사로잡았습니다. 안토니우스가 클레오파트라를 보자마자 넋을 잃은 것입니다.

안토니우스는 파르티아 정복까지 미뤄 두고 알렉산드리아에 머물면서 클레오파트라와 함께 지냈습니다. 안토니우스가 클레오파트라의 치마폭에 싸여 있는 동안 옥타비아누스의 세력은 점점 강해져 레피두스를 내쫓고 아프리카 지역까지 차지하며 로마 해군의 지배권을 완전히 장악하게 됩니다. 그리고 옥타비아누스는 로마 시민들을 향해 안토니우스가 이집트 여왕에게 로마를 팔아넘기려고 한다며 안토니우스를 비난했습니다. 로마 시민은 점점 안토니우스를 불신하기 시작했습니다. 거기에다 결정적으로 안토니우스가 로마 영토 일부를 클레오파트라에게 주자 로마의 민심은 옥타비아누스에게로 돌아섰고 로마의 민심을 등에 업은 옥타비아누스는 안토니우스와 전쟁을

옥타비아누스
로마 황제 가이우스 옥타비아누스입니다. 악티움 해전에서 승리한 후 로마의 권력을 쥔 옥타비아누스는 '팍스 로마나(로마의 평화)'라고 불리는 태평성대를 열었습니다.

고대 로마, 통일 제국의 완성

하게 됩니다. 옥타비아누스는 결국 악티움 해전에서 승리를 거두었고 클레오파트라와 안토니우스는 함께 옥타비아누스에게 대항했지만 패배하고 말았습니다. 그 결과 안토니우스는 스스로 목숨을 끊었습니다.

이제 로마의 권력은 옥타비아누스에게로 집중되었습니다.

클레오파트라
클레오파트라는 이집트 프톨레마이오스 왕조의 여성 파라오입니다. 클레오파트라는 자신의 아름다움과 지혜를 발휘하여 로마 황제 안토니우스와 결혼했고 이집트의 영토를 넓히기도 했습니다.

하지만 옥타비아누스는 카이사르가 죽은 이유를 잘 알고 있었기에 현명하게 행동했습니다. 먼저 그는 원로원을 불러 모았습니다. 그리고 이제 로마는 평화로워졌고 누구도 함부로 로마에 대적하지 못할 것이라고 하며 독재 집정관 자리를 내어놓았습니다. 또한 군대를 통치하지도 않을 것이라고 말했습니다. 이 말은 왕이 되려는 의지가 없다는 뜻입니다. 하지만 원로원은 옥타비아누스에게 제1시민, 즉 '프린켑스'라는 호칭을 붙여 주었습니다.

그 결과 옥타비아누스는 군대 지휘권과 주요 관직을 독점하여 사실상 황제와 같은 지위를 누렸습니다. 그래서 그의 통치기부터 로마 공화정은 무너지고 황제가 다스리는 정치가 다시 시작되었다고 볼 수 있습니다. 하지만 그는 원로원과 함께 통치하는 정치를 했고 원로원을 국가 최고 기관으로 인정해 주었으며 원로원으로부터는 황제와 존엄자라는 뜻의 '아우구스투스'라는 존호를 부여받았습니다.

황제가 된 옥타비아누스는 권력을 함부로 휘두르지 않고 로마 시민의 지지를 받기 위해 노력했습니다. 그 결과 로마는 최고의 번영을 누릴 수 있었습니다. 로마는 대리석 건물들이 새로 지어지면서 아름다운 도시로 다시 세워졌습니다. 이때 지어진 것이 판테온 신전입니다. 또 그리스의 아고라처럼 포럼도 건설했는데 공공 건축물에 둘러싸인 포럼은 광장이나 시장처럼 사용되었습니다. 고대 로마의 포럼이란 신전이나 도서

신격화된 옥타비아누스의 조각
마노 보석에 화려하게 장식된 조각에서 옥타비아누스는 하늘과 땅의 모든 이들로부터 축복을 받고 있습니다.

관, 목욕탕 등 도시의 중심 시설을 형성하는 전체 시설을 가리키는 말입니다.

로마를 중심으로 한 도로가 사방팔방으로 만들어져 그 길을 따라 식민지의 물자들이 오가고, 그리스 문화를 로마식으로 소화한 문화가 유럽 전체와 식민지 곳곳으로 퍼져 나갔습니다. 오리엔트 지역과의 무역도 활발히 이루어져 바닷길로는 이집트를 거쳐 홍해로 나가 인도와 닿았으며 육로는 비단길을 통해 중국으로 통했습니다. 그때 생겨난 말이 '모든 길은 로마로 통한다.'입니다.

옥타비아누스에 의해 로마는 '팍스 로마나(Pax Romana)'라고 불리는 '로마의 평화', 즉 영광의 시기가 찾아 왔고 오랫동안 번영의 시기를 누립니다. 역사가 에드워드 기번은 이 시대를 인류 역사에서 가장 행복했던 시대라고 평가하기도 했습니다. 사람들은 옥타비아누스가 죽은 뒤에 그를 신으로 섬겼으며 그를 기념하기 위해 8월을 그의 이름을 따서 불렀습니다. 이후 네로와 같은 포악한 황제도 있었지만 네르바, 트라야누스, 하드리아누스, 안토니우스, 아우렐리우스와 같은 현명한 황제가 잇달아 등장해 로마를 다스렸습니다. 이들이 다스렸던 시대를 5현제 시대라고 합니다. 이들 5현제가 등장한 로마 제국은 2세기 동안 최고의 전성기를 누렸습니다.

이 시기의 황제들은 군대를 잘 다뤘고, 원로원과 서로 잘 도와가며 정치를 했으며, 다른 한편으로는 로마 제국의 영토를 많이 넓혔습니다. 사회가 안정되었고, 무역과 함께 다른 산업들도 크게 발전했습니다.

이 무렵 로마 제국은 많은 식민지를 가지고 있었고 새로운 도시도 많이 만들어졌습니다. 오늘날 대도시로 성장한 런던, 파리, 빈 등이 바로 이 무렵부터 도시로 성장하기 시작했습니다.

옥타비아누스 신전
프랑스 비엔느에 위치한 옥타비아누스의 신전입니다. 옥타비아누스는 죽은 뒤 신으로 선포되었고, 그를 기념하기 위한 여러 예술 작품들이 만들어졌습니다.

도시는 로마의 간섭 없이 어느 정도 독립적인 운영을 할 수 있도록 허락되었습니다. 도시의 자치 운영은 상업과 수공업으로 경제력을 가진 중산층을 중심으로 만들어진 참사회가 맡았습니다.

하지만 이러한 로마의 평화와 영광은 극소수의 지배층들만 누릴 수 있던 것이었습니다. 수많은 노예와 식민지 사람들의 희생이 계속되었고 농민층의 몰락과 몰락한 농민들의 로마 도시로의 집중, 노예제의 위기 등 로마 공화정 말기에 안고 있었던 문제들은 여전히 해결되지 못한 채였습니다. 로마 제국에서 생산 활동을 담당하는 사람들은 노예와 가난한 백성들이었는데, 이들은 주로 농사를 지었습니다. 하지만 나라의 도움은 없었기 때문에 농사 기술이 거의 발달하지 못했습니다. 그러니 로마는 시민들이 먹을 식량을 스스로 충분히 생산해 낼 수 없었습니다.

게다가 부자 시민과 귀족들은 점점 더 사치스러워지고 그저 즐겁게 노는 일에만 신경을 썼습니다. 그러다 보니 농민들과 부자, 귀족들의 생활 수준은 하늘과 땅만큼이

로마의 화려한 건축

사람들은 콜로세움이나 판테온 신전과 같은 로마의 건축물들을 보면서 그 거대함과 과학성에 감탄을 금치 못합니다. 하지만 이런 화려한 건축물들은 당시의 지배자들이 피지배 계층을 효율적으로 통치하기 위한 수단으로 이용했음을 알 수 있습니다. 로마의 지배자들은 빈민들에게 무료로 곡식을 나누어 주었고, 거대한 원형 경기장 콜로세움에서 검투사 경기를 보여 주었으며, 목욕탕에서 놀이와 연회를 즐기게 해 주었습니다. 또한 이들은 판테온 신전이나 개선문 같은 아름다운 공공 건물을 세워 시민들의 눈을 즐겁게 해 주었습니다. 이를 통해 지배자들은 빈민들의 불만을 해소하게 하고 더 나아가 빈민들이 로마 시민의 한 사람임을 자랑스럽게 느끼도록 했던 것입니다.

나 심하게 벌어졌습니다. 그런데도 로마는 엄청난 넓이의 제국을 다스리는 데 필요한 관청이나 도로 등을 만들고 유지해야 했습니다. 그러려면 당연히 많은 돈이 필요했고 그 돈은 모두 식민 도시들에서 거두어들이는 세금으로 해결했습니다. 그러나 워낙 많은 돈이 필요했기 때문에 도시의 발전 속도보다 거두어가는 세금의 양이 더 빨리 늘어 갔습니다. 결국 한창 발전을 하던 자치 도시들도 점차 세금 때문에 어려움을 겪게 되었습니다.

시민들의 사교장, 공중 목욕탕

로마에는 수많은 목욕탕이 있었습니다. 3세기에 세워진 것으로 알려진 카라칼라의 공중 목욕탕은 욕조의 크기가 가로 230미터 세로 115미터로 총 1,600명이 들어갈 수 있었다고 합니다. 로마의 목욕탕은 단순히 목욕만 하는 곳이 아니었습니다. 그곳에는 스포츠 센터가 있어서 목욕과 더불어 권투, 높이뛰기 같은 체육 활동을 할 수도 있었고 상점, 산책로, 마사지실, 그리고 도서관까지 있어 사교와 토론도 할 수 있었습니다.

네로 황제

흔히 네로 황제라고 하면 폭군으로 생각하지만, 그의 재위 기간 동안 로마의 문화가 크게 발전하기도 했습니다. 네로는 자신을 예술가라 생각해서 시, 노래, 건축 등 예술을 지원했는데, 지금도 네로 시대 당시 지어진 화려한 건축물이 남아 있습니다.

처음 약 5년 동안은 황제로 취임하여 철학자이자 정치가인 세네카와 장교 부루스의 도움을 받아 현명하게 정치를 했습니다. 그런데 부루스가 병으로 세상을 떠나고 세네카마저 쫓겨난

모든 길은 로마로 통했다

대제국을 다스리기 위해서는 무엇보다 발달된 도로가 필요했습니다. 전국에서 세금을 거두어들이거나 지역 간에 물자를 교류하는 일, 특히 반란이 났을 때 신속하게 군대를 파견하는 일이 모두 도로를 통해 이루어지기 때문입니다. 로마 제국의 도로들은 모두 로마로 통하도록 설계되었습니다. 로마인들은 산에 굴을 뚫기도 하고 골짜기에 높은 다리를 놓기도 하며 직선 도로를 만들기 위해 노력했습니다. 이렇게 만들어진 로마의 도로는 얼마나 튼튼했던지 일부는 지금까지 사용되고 있습니다. 3세기 말의 자료에 의하면 로마가 건설한 도로의 총길이는 8만 5천 킬로미터나 되었다고 합니다.

뒤에는 정치가 달라졌습니다. 네로는 서서히 나쁜 왕이 되어 갔습니다. 사치와 낭비가 심해졌고 자연스럽게 로마 시민들의 원성이 자자해졌습니다. 그러던 중 64년에 기름 창고의 사고가 원인이 되어 로마에 큰 불이 났는데도 네로 황제는 먹고 마시고 노는 데 여념이 없었습니다. 로마 시민들은 그런 네로를 원망하게 되었고 결국 민심이 혼란스러워졌습니다. 그러자 네로는 불이 난 책임을 그리스도교에 뒤집어 씌워 그리스도교도들을 학살하며 박해자가 되었습니다. 로마는 점점 혼란 속으로 빠져 들어갔으며 곳곳에서 반란이 일어났습니다. 로마 군대는 네로에게 충성하지 않기로 했고, 원로원에서도 네로를 로마의 적이라고 선언해 버렸습니다. 반란군이 그를 쫓아오자 네로는 죽음을 눈앞두고 "내가 죽고 나면 예술가는 모두 사라지는 게 아닌가?"라며 중얼거렸습니다. 마침내 말발굽 소리가 더욱 가깝게 들려오자 네로는 칼로 자신의 목을 찔러 자살했는데, 이때 네로의 나이 서른한 살이었습니다.

로마 제국의 제5대 네로 황제의 흉상
흔히 네로 황제라고 하면 폭군이라고만 생각하지만, 그가 로마를 다스릴 동안 로마의 문화가 크게 발전했습니다. 네로가 다스릴 당시에 지어졌던 화려한 건축물들이 아직도 남아 있습니다.

실용적인 로마의 문화

로마의 역사는 전쟁의 역사였기 때문에 철학이나 예술 분야에 관심을 가진 여유가 없었습니다. 하지만 로마인들은 법률과 토목, 건축 등 대제국을 다스리는 데 필요한 실용적인 문화를

발전시켰습니다. 특히 법률은 로마인들이 남긴 최대의 문화 유산이라고 해도 과언이 아닙니다. 법과 군대는 제국을 통치하는 가장 중요한 수단이었기 때문입니다. 원래 로마 시민들의 권리를 규정하던 법률은 로마가 도시 국가에서 대제국으로 변화하면서 제국 안의 모든 민족들에게 적용되는 만민법으로 바뀌었습니다. 로마인은 어릴 때부터 12표법을 외우며 자랐고, 어른이 되어서도 자연스럽게 법을 잘 지킬 줄 아는 시민이 되었습니다.

12표법은 평민들이 귀족들에게 맞서 싸우며 자기 권리를 찾아내는 과정에서 만들어진 것으로, 그때까지 관습으로 전해져 오던 것을 법으로 정리한 것이었습니다. 이 법에 따라 재판을 하면서 점점 시민법으로 발전해 나갔던 것입니다.

12표법에서 시민법으로, 시민법에서 만민법으로 발전한 로마법은 6세기에 동로마 황제 유스티니아누스가 『로마법 대전』으로 정리하면서 근대 법률의 기초가 되었습니다. 또 물자 교류와 군사들이 신속하게 움직일 수 있도록 도로를 건설했고, 공공 건물이나 신전, 경기장과 원형 극장 등을 짓는 데에는 토목 기술과 건축 기술을 발휘했습니다.

학문과 예술은 그리스 문화를 모방하는 단계를 크게 벗어나지 못했습니다. 신들마저 그리스의 신들을 그대로 본떴습니다.

사상도 마찬가지였습니다. 로마에서는 헬레니즘 시대에 완성된 스토아 철학이 특히 유행했습니다. 그 대표적인 철학자들로는

판테온 신전
로마의 대표적인 건축물 중 하나가 아그리파의 지휘로 만든 판테온 신전입니다. 판테온은 '신들이 사는 집'이라는 뜻으로 하드리아누스 황제 때 고쳐 지었습니다. 로마의 건축 기술은 그리스의 건축 기술을 한 단계 더 발전시킨 것입니다. 로마 사람들은 오늘날 사용되는 것과 비슷한 콘크리트를 이때부터 만들어 썼습니다. 돌에 시멘트를 발라 커다란 건축물을 지어 올린 것입니다.

세네카, 마르쿠스 아우렐리우스, 에픽테토스 등이 있습니다.
『세계사』를 지어서 로마가 어떤 힘으로 발전하는지 찾으려고 했던 역사가 폴리비오스도 로마에 잡혀 온 그리스인 포로였습니다. 아우구스투스 이후 평화의 시대가 열리고 나서야 로마

로마의 동전
고대 로마에서 사용되었던 동전입니다.

는 자신들만의 독특한 문화를 완성해 나갔습니다. 베르길리우스, 호라티우스, 오비디우스 이들 3대 시인이 나타나서 라틴 문학의 황금 시대를 이루었던 것입니다. 역사가 리비우스는 『로마 건국사』를 쓰기도 했습니다.

이렇듯 로마의 문화는 오리엔트, 그리스, 헬레니즘적 요소를 종합한 유럽 고대 문화의 완성판이었습니다. 이 문화는 다시 그들이 세계 제국을 건설하는 과정에서 정복 지역에 널리 전파되면서 이후 서유럽 문화의 형성에 결정적인 역할을 했습니다.

동로마와 서로마로의 분리

번영을 자랑하던 로마도 2세기 말부터 서서히 쇠퇴하기 시작했습니다. 어리석은 왕이 사치에 빠지면서 정치는 혼란스러워졌고 이후 로마의 정치권은 군대에게 넘어가 군대가 황제를 암살하고 새로운 사람을 황제로 내세우는 군인 황제 시대가 열립니다. 이때는 여러 군대가 각각 자신들을 지휘하는 사령관을 황제로 떠받들었습니다.

그 기간은 235년에서 284년까지 무려 50년 동안 계속되었고,

그 사이 스물여섯 명의 황제가 오르내리는 혼란을 겪었습니다.

이러한 정치적 혼란을 평정하고 3세기 말에 황제로 즉위하여 여러 가지 제도의 개혁을 실시한 사람이 디오클레티아누스 황제였습니다. 그는 아우구스투스 이후의 형식적인 공화정을 포기하고 황제 중심의 전제 정치를 세우고자 했습니다. 황제 중심의 관료 제도를 확립하고 지방 도시의 자치권을 박탈했습니다. 또한 그는 로마를 더 잘 다스리기 위해 제국을 네 개로 나누고 두 사람의 황제와 부황제를 두어 제국을 다스리게 했습니다.

그가 죽은 후 콘스탄티누스 황제가 즉위하여 나누어진 제국

동로마와 서로마
로마 제국은 아드리아 해를 가운데 두고 동서로 분리되었습니다.

콘스탄티누스 개선문
콘스탄티누스 황제의 밀비오 다리 전투 승리를 기념하여 세워진 개선문입니다. 불리한 전쟁 중 그리스도교와 관련된 꿈을 꾸고 난 뒤 승리한 콘스탄티누스 황제는 그리스도교를 로마의 종교로 받아들이기로 결정합니다.

을 다시 통일한 뒤 수도를 콘스탄티노플로 옮겨서 제국의 발전을 시도했습니다. 그리고 그리스도교를 인정하여 사상적 통일을 꾀하는 한편 직업 선택의 자유에 제한을 두어 소작 농민을 토지에 고정시키고, 관료와 군대 조직을 정비하는 등 강력한 전제 군주 제도를 확립했습니다. 하지만 이러한 개혁이 로마의 문제를 해결하는 근본적인 처방은 아니었기 때문에 큰 성과를 거두지는 못했습니다. 게다가 게르만 민족의 침입이 계속되자 로마의 경제와 정치는 급속도로 몰락해 갑니다.

이러한 위기 속에서 395년 테오도시우스 황제는 그리스도교를 국교로 인정하며 로마인들의 종교 통일을 통해서 제국을 유지할 수 있도록 안간힘을 썼습니다. 그리고 테오도시우스 황제는 죽을 때, 제국을 동서로 나누어 두 아들에게 물려주며 공동으로 나라를 다스리도록 했습니다. 그러나 테오도시우스 황제의 뜻과 달리 로마 제국은 양쪽으로 나뉘어 서로 다른 독립 국가처럼 변해 갔습니다.

이후 로마 제국은 콘스탄티노플을 중심으로 하는 동로마와 로마를 중심으로 하는 서로마로 나뉘게 됩니다.

콘스탄티누스 모자이크
성모 마리아에게 성을 봉헌하는 콘스탄티누스 황제의 모습입니다. 터키 이스탄불에 있는 아야 소피아 성당에 장식된 모자이크입니다.

그리스도교의 탄생

옛날부터 유대인들은 언젠가 메시아가 나타나 이 땅에 신의 나라를 세우고 고통 받는 자신들을 구해줄 거라는 믿음을 가지고 있었습니다. 로마가 세계 제국을 건설하면서 기원전 63년 당시에는 팔레스타인의 가나안 지방에 살던 유대인도 로마의 통치를 받게 되었습니다. 로마의 통치자들은 자기네 신만을 인정하고 믿는 유대인들을 가혹한 통치로 괴롭혔습니다. 이때 가난

하고 고통 받는 유대인들이 존경하며 따르던 세례 요한은 곧 메시아가 올 거라고 말했습니다.

　세례 요한이 말한 메시아는 바로 나사렛 예수였습니다. 예수는 가난한 사람들이 사는 갈릴리 지방에서 목수의 아들로 태어났으며 서른 살이 될 때까지 유대에 살았습니다. 그 뒤 세례 요한에게 세례를 받았는데 그때 세례 요한은 예수를 메시아로 인정했습니다. 세례를 받는 예수는 들판에 나아가 40일 동안 기도를 한 뒤 갈릴리 사람들에게 깨달음을 전하기 시작했습니다.

　예수는 이웃을 네 몸과 같이 사랑하고, 가진 것을 나누며, 하느님을 믿고 회개하는 자는 누구나 구원을 얻을 수 있다고 전하며 가난하고 멸시 받고 병든 사람들과 함께했습니다. 또한 그는 가난하고 신분이 낮은 이들을 업신여기며 권력을 믿고 거드름 피우는 사람들을 비난했습니다.

　예수의 가르침은 누구나 알 수 있을 만큼 쉬웠고 힘거운 생활을 하는 이들에게는 감동과 위안을 주었습니다. 하지만 그를 따르는 무리가 점점 많아지자 그를 두려워하는 이들이 생겨났습니다. 당시 유대인들은 여러파로 나누어져 있었는데, 로마를 따르는 무리로는 헤롯 왕과 사두개 사람들이 있었습니다. 사두개 사람은 예루살렘 신전에서 제사를 지내던 귀족 계급입니다. 그들은 유대 사회의 지배 계층이었기 때문에 보통 백성들과는 거리가 멀었습니다.

　한편 백성들에 대해 영향력을 발휘할 수 있었던 바리새인은

예수의 모자이크
예수를 묘사한 6세기경의 모자이크입니다.

중간 계층에 속하는 지식인들이었습니다. 대부분 유대교의 규칙인 율법에 대해 연구하는 학자들이었습니다. 그들은 로마의 지배를 반대하면서도 폭력을 사용하는 것은 옳지 않다고 주장했습니다.

로마에 반대하는 집단으로는 로마와 전쟁을 통해서라도 독립

삼위일체설

그리스도교가 공인된 뒤 여러 가지 논쟁이 일어났습니다. 아타나시우스는 예수가 인간인 동시에 완전한 신으로 성부(하느님)와 성자(예수)와 성령(하느님의 영)은 모두 하나라는 삼위일체설을 주장했습니다. 그러나 이리우스는 예수를 신에 가까운 인간이라고 보아 삼위일체설을 부정합니다. 325년, 니케아 종교 회의에서는 아타나시우스파의 삼위일체설을 정통 교리로 확정지었습니다.

을 해야 한다고 주장하는 열심당과 에세네파라고 부르는 사람들도 있었습니다. 이 중 사두개인들과 바리새인들은 예수가 자신들의 지위를 위협한다고 생각했습니다. 그들은 예수가 왕이 되려고 한다면서 로마 총독에게 고발했습니다. 결국 예수는 예루살렘 교외의 골고다 언덕에서 십자가에 매달려 처형당하고 말았습니다.

성경은 예수가 안식일 다음 날에 다시 살아났다고 기록하고 있습니다. 제자들은 예수가 부활한 것을 알고 예수가 가르친 사랑을 널리 알리기로 결심했습니다. 곳곳에 많은 교회가 세워지고, 날이 갈수록 예수를 믿는 사람들이 늘어 갔습니다. 특히 외롭고 가난하고 병든 이들에게 그의 가르침은 큰 용기와 희망이 되었습니다.

그리스도교가 로마를 만나 성장하다

예수를 구세주로 믿고 하느님 앞에서 모든 계급과 민족을 초월해 평등과 사랑을 주장한 새로운 종교인 그리스도교는 그의 제자 베드로, 요한 등을 중심으로 널리 퍼져 나갔습니다. 이때 그리스도교의 세력을 넓히는 데 큰 역할을 한 사람은 사도 바울이었습니다. 그는 젊은 시절 누구보다도 그리스도교 신자들을 박해하는 데 앞장섰습니다. 하지만 하늘의 계시를 받은 뒤 사도 바울은 로마 제국뿐 아니라 아테네 아크로폴리스 언덕에까지 돌아다니며 예수의 가르침을 전하게 되었습니다. 또한 사도 바울은 예수의 가르침을 체계적으로 정리했고, 덕분에 그리스도교가 유대인만의 종교에서 벗어나 세계적인 종교로 발전해 나갈 수 있었습니다.

이렇게 그리스도교는 갈릴리에서 시작해 로마 전지역으로 뻗어 나갔습니다. 그리스도교인들은 다른 종교를 조금도 인정하지 않고 로마 황제의 초상에 절하기도 거부했기 때문에 무수한 박해를 받아야 했습니다. 하지만 이러한 박해에도 불구하고 하류층에서 상류층까지 빠르게 전파되면서 사회의 큰 세력으로 성장했습니다.

그러자 그리스도교를 반대하는 것이 나라를 다스리는 데 좋지 못하다고 판단한 콘스탄티누스 황제는 313년, 밀라노 칙령을 통해 그리스도교를 합법적인 신앙으로 인정합니다. 또 그 후 80년 뒤 테오도시우스 황제는 그리스도교를 국교로 선포하며 다른 종교를 금지시켰습니다. 그리하여 그리스도교는 로마 제국과 민니 서방 세계의 종교로 발전했습니다. 그 후 서양의 문화와 역사는 그리스도교를 떼어 놓고는 이해할 수도, 설명할 수도 없을 만큼 서양의 역사와 문화에 깊숙이 뿌리내리게 됩니다.

유대인의 패망

서기 66년 유대인들은 로마의 지배에서 벗어나기 위해 반란을 일으켜 예루살렘을 되찾아 독립 정부를 세우기도 했지만 다시 로마군에게 예루살렘을 빼앗겼습니다.

로마군은 성전을 불태웠으며, 살아남은 주민들을 노예로 팔아 버렸습니다. 그 후에도 일부 유대인들은 3년 동안이나 더 버티며 로마 군대에 맞섰지만 결국 무너지고 말았습니다. 그 결과 예루살렘에는 로마 신을 모시는 신전이 세워졌고 유대인들은 누구도 예루살렘에 들어갈 수 없었습니다.

다만 1년에 단 한 번, 예루살렘이 로마의 차지가 된 그날에만 유대인들이 예루살렘으로 들어가는 것이 허락되었습니다. 이 날 유대인들은 무너진 성전을 찾아가 그 벽에 머리를 대고 민족의 고통과 슬픔에 가슴 아파하며 큰 소리로 울었습니다. 그래서 이곳에 '통곡의 벽'이라는 이름이 붙었습니다. 그 뒤, 유대인들은 결국 나라를 되찾지 못하고 뿔뿔이 흩어져 2000년 동안이나 세계를 떠돌아다니게 됩니다.

예루살렘 통곡의 벽
로마 시대에는 유대인들이 예루살렘에 들어갈 수 없었습니다. 일 년에 단 한 번 성전 파괴 기념일에 방문할 수 있도록 허용되었는데, 그 때 유대인들이 이곳에 와서 고통과 슬픔에 가슴 아파하며 큰 소리로 울었기에 '통곡의 벽'이라 이름 붙여진 것입니다.

로마의 몰락

로마가 동로마와 서로마로 분리되어 통치될 때 고트족이 서로마로 쳐들어왔습니다. 고트족은 게르만족의 일파인데 훈족에게 밀려 이동하다가 새로 정착할 땅을 찾기 위해 로마를 침입한 것입니다.

게르만족은 원래 발트해 부근에 살던 민족인데 기름진 땅과 목초지를 찾아서 로마 국경으로 옮겨 와 살고 있었습니다. 프랑크족, 부르고트족, 고트족, 반달족 등은 모두 게르만족의 일파입니다. 고트족이 로마를 공격한 뒤 라인 강을 지키는 로마 군

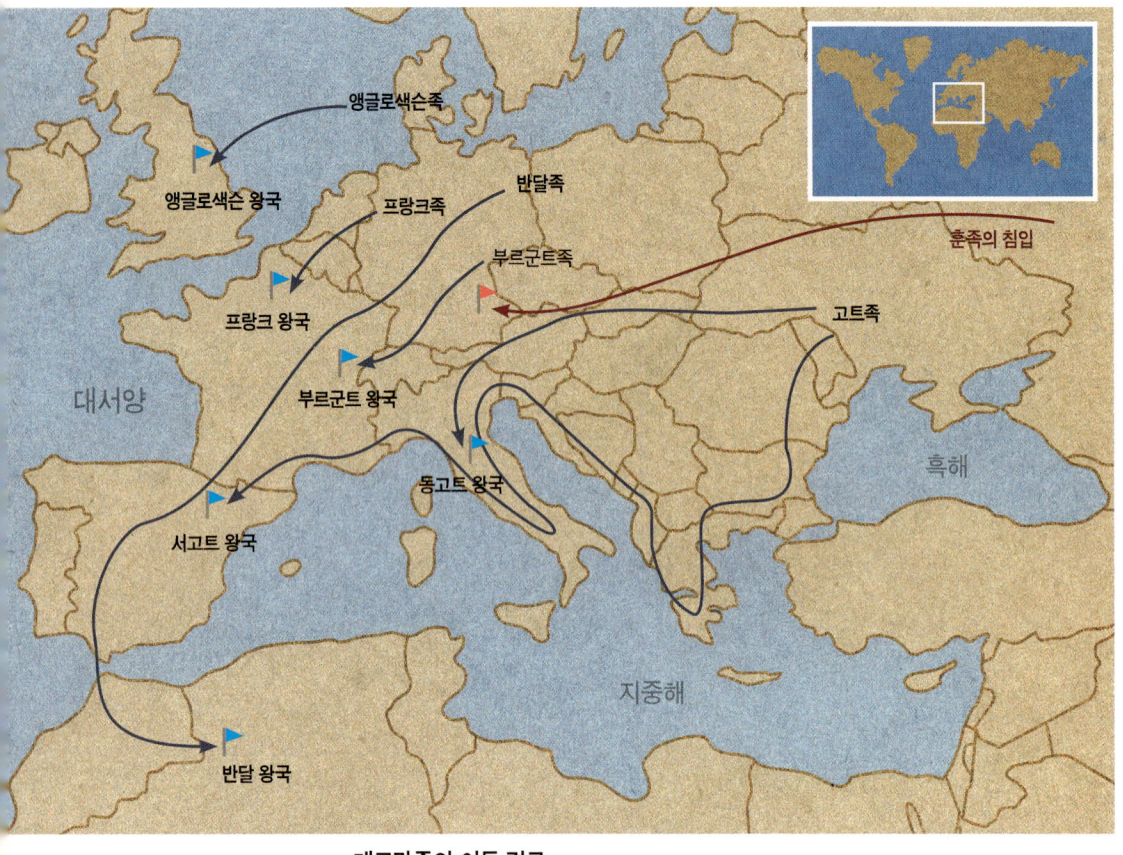

게르만족의 이동 경로

대가 약해진 틈을 타서 어마어마하게 많은 게르만족이 서로마 제국으로 몰려 들어왔습니다. 이를 '게르만족의 대이동'이라고 합니다. 하지만 로마는 이미 기울고 있었기에 이들을 막을 힘이 없었습니다.

고트족에 이어서 훈족도 로마를 공격합니다. 훈족은 북쪽의 중앙아시아에서 내려왔는데 그들은 말을 타고 달리면서도 정확하게 적을 명중시키는 뛰어난 활 솜씨를 자랑했습니다. 훈족의 왕 아틸라는 신의 채찍이라는 별명을 가졌는데, 어찌나 용맹한

지 로마인들은 그의 이름만 들어도 겁에 질렸습니다. 이 당시 로마는 스스로 나라를 지키기도 힘들어서 로마로 와 정착해서 살고 있는 게르만족에게 돈을 주고 군대를 만들었습니다. 즉, 게르만족으로 구성된 용병에게 국경 수비를 맡긴 것입니다. 하지만 게르만족 출신의 용병이 게르만족을 잘 막아낼 리 없었습니다.

훈족 다음에는 반달 족이 로마를 공격해 왔습니다. 로마는 그 외에도 여러 차례 게르만족의 침입을 당해 도시는 약탈당하고 부서지고 그들에 의해 점령당했습니다. 군대는 이들을 막을 능력이 없었고 황제는 힘이 없었습니다. 동로마에 도움을 청했지만 동로마도 도와줄 처지는 아니었습니다. 이 틈을 타서 게르만족 용병 대장 오도아케르가 일어나 황제를 폐하고, 스스로 로마의 왕이 되었습니다. 이리하여 1200여 년의 긴 역사를 자랑하던 서로마 제국은 476년에 멸망하고 말았습니다.

하지만 서로마 제국의 멸망이 게르만족의 침입에 의한 것만은 아니었습니다. 정치, 경제, 군사, 사회 여러 면에서 이미 오래전부터 로마의 위기가 예고된 것이었습니다.

사회의 뼈대가 된 농민이 몰락하고 정복 전쟁이 한계에 다다르자 노예들의 수가 급격히 줄어들어 경제 활동이 크게 위축되었습니다. 국방력 또한 약해졌으며 무능한 황제의 사치와 부정부패, 그리고 무거운 세금 등이 로마를 점점 몰락의 길로 몰고 있었습니다. 게다가 로마 고유의 정치 체계인 공화정을 버리고 왕 중심의 전제 정치로 바뀌면서 시민들이 정치에 참여할 수 있는 길이 막힌 것도 로마 붕괴의 원인이 되었습니다.

서로마 제국이 무너진 뒤 그 자리에는 여러 게르만 왕국들이 들어섰습니다. 프랑크 왕국, 알라만 왕국, 부르군트 왕국, 반달 왕국 등입니다. 그들은 서로 세력을 다투었는데 그중 유럽의 실력자로 떠오른 건 프랑크 왕국입니다. 하지만 서로마가 무너진 뒤에도 동로마는 천 년이나 계속되었습니다. 콘스탄티노플에 자리 잡은 동로마 제국은 15세기 중엽까지 비잔틴 제국으로서 그 이름을 이어갔지만, 로마의 옛 영광을 되찾지는 못했습니다.

이탈리아 반도를 중심으로 한 서로마 제국의 멸망은 로마 제국의 몰락을 말해 주는 것입니다. 또한 오리엔트, 에게, 그리스, 로마로 이어졌던 고대 문명이 저물고 서양 사회가 중세로 넘어가는 중요한 계기이기도 합니다.

조그마한 도시 국가에서 출발한 로마는 기원전 8세기 중엽부터 기원후 5세기 말까지 약 1300여 년 동안 카르타고, 그리스, 마케도니아 등을 정복하며 지중해 전역을 지배하는 대제국으로 성장했습니다. 하지만 풍요로움을 누린 사람은 일부였고 그로 인해 로마는 아래에서부터 붕괴되어 외부의 침입에 제대로 저항조차 못한 채 무너지고 맙니다. 비록 로마는 멸망했지만 로마의 문화는 사라지지 않고 이후 서양 사회를 이루는 토대가 되었습니다.

그리스가 유럽 문화의 뼈대를 이루었다면 로마는 거기에 살과 근육을 붙였다고 볼 수 있습니다. 그리스의 민주 정치와 로마의 공화정은 시민의 정치 참여와 한 사람에게 권력을 집중시키지 않는 서양 정치 제도의 뿌리가 되었습니다. 또한 그리스의 철학이 신에게서 인간으로 중심을 옮겨 온 서유럽 철학의 근본이 되었다면, 로마의 법률은 체계적이고 합리적이어서 유럽 시민법의 기초가 되었습니다. 또한 로마가 국교로 정한 그리스도교는 이후 유럽 역사를 형성하는 데 중대한 영향을 미치며 전 세계의 종교로 퍼져 나갔습니다. 건축, 도로, 도시 계획 등에서도 로마의 앞선 기술은 유럽 문명 발달의 중요한 역할을 담당했습니다. 이외에 두루마리 형태의 책이 오늘날의 책 형태로 바뀐 것도 로마 시대였으며 태양계의 행성 이름도 그리스 로마 신화의 주요 인물들에게서 따와 로마식으로 붙여졌습니다. 예를 들어 목성을 영어로 쥬피터라고 하는데, 제우스의 로마식 이름이 쥬피터입니다. 이처럼 로마 제국은 멸망했지만 로마의 문화는 후세의 역사와 문화 곳곳에 남아 있습니다.

19세기 역사가 레오폴트 폰 랑케는 "로마 이전의 모든 역사는 로마로 흘러들어 갔고 로마 이후의 역사는

바다의 신, 넵튠 동상
그리스식 이름은 포세이돈입니다. 넵튠은 주피터(그리스 이름은 제우스)의 형제로서 바다, 지진, 돌풍의 신입니다.

다시 로마로부터 흘러나왔다."는 유명한 말을 남겼습니다. 이 말은 유럽의 역사를 마치 세계 전체의 역사인 것처럼 말하는 오만함을 담고 있지만 유럽의 역사만을 놓고 본다면 틀린 말은 아닙니다. 로마인들은 고대 오리엔트 문명과 에게 문명, 고대 그리스 문명을 품어 안아 고대 지중해 세계를 통일하여 고대 유럽 문화를 완성하였습니다. 이후 이를 유럽 및 이슬람 세계에 전파하여 중세로의 새로운 시대를 여는 역할을 수행한 것입니다.

유럽의 건축물들과 예술 작품들
유럽의 문화는 로마에서 시작되었다고 할 수 있을 정도로 로마는 유럽의 형성에 커다란 역할을 했습니다. 로마는 고대 유럽 문화를 완성하였고 이를 유럽 및 이슬람 세계로 전파했기 때문입니다.

비잔틴 문화의 중심지, 콘스탄티노플

콘스탄티노플은 오늘날 터키의 이스탄불입니다. 콘스탄티노플이라는 말은 옛 동로마 제국의 수도일 때 쓰던 말입니다. 콘스탄티노플은 처음 세워진 당시부터 빠른 속도로 발전했는데, 동서양 무역의 중심지로 여러 사람들과 물자들이 몰려드는 곳이었기 때문입니다. 이후 서로마가 망하고 서로마에서 게르만족이 새로운 나라를 세우는 동안에도 동로마는 그들만의 문화를 발달시키며 번영을 누립니다. 특히 동로마 제국은 로마 문화와 그리스 문화, 그리스도교 문화가 합쳐진 아주 독특한 문화를 자랑하는데 고전적이면서도 신비한 색채를 보여줍니다. 이를 비잔틴 문화라 하는데, 이는 콘스탄티노플의 옛 이름이 비잔티움이기 때문입니다.

콘스탄티노플이었던 이스탄불은 매우 유명한 관광지입니다. 또한 동서양의 여러 문물이 몰려드는 것도 여전해서 유명한 시장과 상인들로 매우 활기찬 도시의 모습을 유지하고 있습니다. 옛 유적을 찾는 관광객들로 붐비는 도시이기도 합니다. 아직도 동유럽 여러 나라에는 비잔틴 문화의 흔적과 전통이 남아 있습니다.

헬레니즘 시대에서 고대 로마까지 연표

2. 그리스 정복

마케도니아의 왕 필리포스 2세

그리스를 정복한 필리포스 2세의 옆모습을 새겨 넣은 메달입니다. 그는 그리스 전역을 정복함으로써 그의 아들 알렉산드로스가 페르시아를 정복할 발판을 마련해 줍니다.

4. 로마, 이탈리아 통일

로마가 이탈리아를 통일함으로써 지중해를 둘러싼 긴장감이 높아지게 됩니다.

6. 로마의 승리로 포에니 전쟁 종료

포에니 전쟁에서 승리한 로마는 지중해의 패권을 쥐고 대제국으로 성장하기 시작합니다.

브루투스는 전쟁과 개혁을 통해 로마의 권력을 잡고 독재를 하려 한 카이사르를 암살한 인물입니다.

8. 브루투스, 카이사르 암살

기원전 337년
기원전 270년
기원전 201년
기원전 44년

기원전 405년
기원전 330년
기원전 264년
기원전 100년

1. 델로스 동맹 해체

스파르타가 펠로폰네소스 전쟁에서 승리하게 되어 아테네를 중심으로 맺어진 델로스 동맹은 해체됩니다.

페르시아 정복을 그린 모자이크에 묘사된 알렉산드로스 대왕의 모습입니다. 그는 철학자 아리스토텔레스의 제자이기도 합니다.

3. 알렉산드로스, 페르시아 정복

5. 로마와 카르타고, 포에니 전쟁 시작

강력해지는 로마와 지중해의 패권을 쥐고 있던 카르타고는 결국 포에니 전쟁에서 맞붙게 됩니다.

7. 카이사르 출생

카이사르의 동상입니다. 그는 정치가이자 장군이자 작가이기도 했습니다. 그의 전쟁 기록과 주고받은 편지와 연설을 기록한 종이는 아직도 남아 있습니다.

⑩ 옥타비아누스, 로마 황제가 됨

옥타비아누스는 악티움 해전의 승리를 통해 결국 로마 제국의 초대 황제가 됩니다.

⑫ 콜로세움 건축

로마 시대의 가장 유명한 경기장인 콜로세움이 세워집니다. 콜로세움의 설계자가 누구인지는 정확히 밝혀지지 않았습니다.

⑭ 게르만족의 대이동

훈족의 침입으로 인해 유럽 북쪽에 살던 게르만족이 쫓겨나 로마의 영토로 몰려들어 오게 됩니다.

⑯ 서로마 멸망

게르만족과 훈족의 침입으로 인해 로마는 약해집니다. 로마를 지탱하고 있던 농민들이 몰락하고 노예의 수가 줄어들자 마침내 서로마는 멸망합니다.

기원전 27년 | 기원후 80년 | 기원후 375년 | 기원후 476년

기원전 31년 | 기원후 1년 | 기원후 313년 | 기원후 395년

⑨ 옥타비아누스, 악티움 해전 승리

로마의 지배권을 둘러싸고 벌어진 악티움 해전에서 옥타비아누스는 안토니우스와 클레오파트라를 물리칩니다.

17세기 화가 페테르 파울 루벤스가 예수의 탄생 장면을 그린 그림입니다. 예수의 탄생과 함께 그가 전파한 기독교는 서양의 생활과 문화, 사상에 기나긴 영향을 미치게 됩니다.

⑪ 그리스도 탄생

⑬ 콘스탄티누스 황제, 밀라노 칙령 발표

밀라노 칙령이란 그리스도교에 대한 박해를 끝내고 그리스도교를 로마의 정식 국교로서 인정한다는 내용의 황제 문서입니다.

⑮ 로마 제국, 동로마 서로마로 분열

테오도시우스 황제가 죽을 때, 제국을 동서로 나누었습니다. 이후 로마 제국은 동로마와 서로마로 나뉘게 됩니다.

콘스탄티누스 황제의 즉위 10주년을 기념하여 312년에 만들어진 개선문입니다. 황제의 전투 장면이 새겨져 있습니다.

백만 엄마들의 가슴을 뛰게 만든 바로 그 책,

〈공부가 되는〉 시리즈

- 재미와 호기심을 충족시키며 교과 연계 학습까지 되는 기초 교양 학습서
- 연이은 백만 엄마들의 뜨거운 호평, 출간 즉시 베스트셀러 도서
- 통섭과 융합형 교과서로 하버드 대학 교수가 추천한 도서

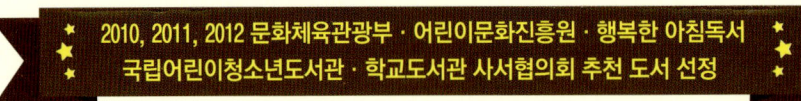

2010, 2011, 2012 문화체육관광부 · 어린이문화진흥원 · 행복한 아침독서
국립어린이청소년도서관 · 학교도서관 사서협의회 추천 도서 선정

1. 공부가 되는 세계 명화
2. 공부가 되는 한국 명화
3. 공부가 되는 식물도감
4. 공부가 되는 공룡 백과
5. 공부가 되는 유럽 이야기
6. 공부가 되는 그리스로마 신화
7. 공부가 되는 별자리 이야기
8. 공부가 되는 삼국지
9. 공부가 되는 탈무드 이야기
10, 11. 공부가 되는 조선왕조실록〈전2권〉
12. 공부가 되는 저절로 영단어
13. 공부가 되는 저절로 고사성어
14, 15. 공부가 되는 한국대표고전〈전2권〉
16, 17. 공부가 되는 셰익스피어 4대 비극·5대 희극〈전2권〉
18. 공부가 되는 논어 이야기
19. 공부가 되는 우리문화유산
20, 21. 공부가 되는 경제 이야기〈전2권〉
22, 23, 24. 공부가 되는 한국대표단편〈전3권〉
25. 공부가 되는 로빈슨 과학 탈출기
26. 공부가 되는 일등 멘토의 명연설
27, 28, 29. 공부가 되는 과학백과 우주, 지구, 인체〈전3권〉
30. 공부가 되는 가치 사전
31. 공부가 되는 안네의 일기
32. 공부가 되는 톨스토이 단편선
33. 공부가 되는 긍정 명언
34. 공부가 되는 이솝 우화
35. 공부가 되는 창의력 백과
36. 공부가 되는 재미있는 어휘사전
37. 공부가 되는 삼국유사
38. 공부가 되는 삼국사기
39. 공부가 되는 재미있는 한국사 1
40. 공부가 되는 아메리카 이야기
41. 공부가 되는 세계 지리 지도
42. 공부가 되는 재미있는 한국사 2
43. 공부가 되는 파브르 곤충기
44, 45, 46. 공부가 되는 세계명단편〈전3권〉
47. 공부가 되는 세계의 건축
48, 49, 50. 공부가 되는 세계사〈전3권〉
51. 공부가 되는 아시아 이야기

〈공부가 되는〉 시리즈는 계속 출간됩니다.

호주 초·중등학교 최고의 인성 교재

십대가 시작되는 시기부터
늘 머리맡에 두고 반복해서 읽어야 할 책

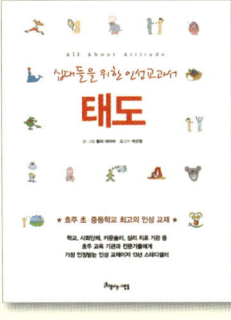   

태도
줄리 데이비 글, 그림 | 박선영 옮김
14,000원

목표
줄리 데이비 글, 그림 | 박선영 옮김
14,000원

진정한 부
줄리 데이비 글, 그림 | 장선하 옮김
14,000원

선택
줄리 데이비 글, 그림 | 장선하 옮김
14,000원

〈초록별〉 시리즈

꿈이 되는 이야기, 마음을 키우는 책 읽기

엄마는 외계인
박지기 글 | 조형윤 그림 | 8,500원

아빠가 보고 싶은 아이
나가사키 나쓰미 글
오쿠하라 유메 그림
김정화 옮김 | 11,000원

친구 만들기
줄리아 자만 글
케이트 팽크허스트 그림
조영미 옮김 | 11,000원

아기 토끼의 엄마 놀이
모리야마 미야코 글
니시카와 오사무 그림
김정화 옮김 | 11,000원

왕따 슈가 울던 날
후쿠 아키코 글
후리야 가요코 그림
김정화 옮김 | 11,000원